技术交易
知识与案例

易继明 —————— 编著

中国科学技术出版社
·北 京·

图书在版编目（CIP）数据

技术交易：知识与案例 / 易继明编著 . —北京：中国科学技术出版社，2020.11

ISBN 978-7-5046-8795-1

Ⅰ.①技… Ⅱ.①易… Ⅲ.①技术贸易—研究—中国 Ⅳ.① F723.84

中国版本图书馆 CIP 数据核字（2020）第 178734 号

策　　划	秦德继
责任编辑	符晓静　张敬一　李　洁
封面设计	李学维
正文设计	中文天地
责任校对	焦　宁
责任印制	马宇晨

出　　版	中国科学技术出版社
发　　行	中国科学技术出版社有限公司发行部
地　　址	北京市海淀区中关村南大街 16 号
邮　　编	100081
发行电话	010-62173865
传　　真	010-62173081
网　　址	http://www.cspbooks.com.cn

开　　本	710mm×1000mm　1/16
字　　数	235 千字
印　　张	16
版　　次	2020 年 11 月第 1 版
印　　次	2020 年 11 月第 1 次印刷
印　　刷	北京盛通印刷股份有限公司
书　　号	ISBN 978-7-5046-8795-1 / F·901
定　　价	58.00 元

（凡购买本社图书，如有缺页、倒页、脱页者，本社发行部负责调换）

序　言

技术交易与技术成果权属、技术成果保护并列为技术领域的三大问题。诚然，这三大问题交织在一起，也很难截然分开。例如，产权界定是交易的前提，那么为了促进技术交易，就得先明确技术成果的权利归属；而与之相配套的保护制度，往往从权利授权确权、权利流转及其救济角度展开。

随着科技的迅猛发展，目前技术交易出现了几个新的特点：第一，技术多元化。技术已经从传统的实体技术如核技术、能源技术、通信技术、生物技术等，拓展为与这些技术相关的组合——包括 WeChat、TikTok、阿里巴巴、美团等沉淀下来的用户个人数据，被整合和运算之后已经成为重要的技术部分。第二，技术交易的多视角。过去，我们重视给技术创造者赋权，促进技术的创新与发展；现在，赋权后的技术交易可能会受到限制，也可能被强制使用——因为国家安全、公共利益等衡量，禁止交易或者强制许可都有可能成为公共政策的关注点。第三，技术交易的弥散效应。技术交易促进了技术的流动性，而技术的流动性又是技术进步与发展的生命。因为只有技术流动性增强，技术才能服务于经济、服务于社会，弥散在我们社会生活的方方面面，也才能最终促进人类的福祉。从这个角度来说，通过技术交易促进经济社会发展是技术发展的历史使命。

从技术流动性的角度观察，技术交易从两个方面活化了技术：一是发挥技术的使用价值；二是发挥技术的交换价值。基于发挥技术的使用价值和交换价值，本书从四个方面对技术交易涉及的主要问题进行了简要介绍：

1）从发挥技术的使用价值角度，介绍技术的转让与许可问题。既有一般性的介绍（第二章 技术转让与许可），也有基于我国国情的具体领域的介绍（第四章 特殊领域技术许可与转让）。

2）从发挥技术的交换价值角度，介绍技术的投融资问题（第三章 技术投融资）。诚然，技术投融资问题已经随着商业社会的蓬勃发展，从技术入股、质押发展到了证券化及各种形式的风险投资。

3）为发挥技术的使用价值和交换价值而提供的第三方服务。这包括两个部分：一是技术的推广、营销（第五章 技术营销）；二是技术的评估（第六章 技术评估）。

4）介绍与技术交易有关的法律体系（第一章 技术交易及其法律体系）。从体系化的角度，涉及技术的法律包括四个方面：一是技术合同法；二是技术权利法；三是技术促进法；四是技术管制法。技术交易的核心是合同法，但交易的前提是产权清晰，这就涉及界定权利的专利法、著作权法等；而如前所提及，对技术交易，除了总体上的促进政策之外，对技术的管制、权利的限制等，也是法律所关注的重要问题。

技术交易问题，政策着力点较多，显得较为繁杂。就国情而言，除了人们常常抱怨的技术本身存在的实用性、可操作性等问题之外，还有两个突出问题：一是国有资本形成的技术成果权属制度；二是国有资产（包括无形资产）保值增值及其纪检监察所形成的困局。目前，从法律和政策上讲，我国政府都在进行制度创新，以促进技术交易市场的活跃，本书也试图跟进并把握这些最新的立法动态与政策走向。

10多年前，我主持过科技部国家软科学研究计划项目《技术转移法律机制研究（2008—2009年）》。当时，试图形成一个有关技术转化的手册或者指南，作为一个通俗性读物，服务于实践。为此，我还组织了课题组成员华中科技大学法学院青年老师和学生李薇薇、伍春艳、李恒、杨帆、刘超等参与编写，但最后因故搁置。此次恰逢中国科学技术协会提出"科创中国"，中国科学技术出版社积极襄助，在北京大学法学院王乐陶、坎安·多力坤、冯思邈、隋新等同学协助下，完成了这本书的编写。出版之际，尤为感念上述诸君，特别致谢。当然，疏漏在所难免，期待各位方家指正。

易继明

2020 年 10 月

目录 Contents

第一章　技术交易及其法律体系 / 001

　　一、技术交易的范围与种类 / 001

　　二、技术交易法律体系 / 003

　　三、技术交易中的知识产权问题 / 015

　　四、技术交易纠纷解决 / 029

第二章　技术转让与许可 / 035

　　一、技术转让 / 035

　　二、技术许可 / 049

　　三、技术咨询、技术服务和技术开发 / 058

　　四、合同范本 / 061

　　五、技术进出口 / 061

第三章　技术投融资 / 079

　　一、技术入股 / 079

　　二、知识产权质押 / 085

　　三、知识产权证券化 / 094

　　四、科创企业的融资 / 110

第四章　特殊领域技术许可与转让 / 133

　　一、产业技术联盟 / 133

　　二、国有企业技术许可与转让 / 145

　　三、高校、科研机构技术许可与转让 / 154

　　四、高校、科研机构技术交易的服务机构 / 157

　　五、国防技术许可与转让 / 165

第五章　技术营销 / 171

　　一、技术转移机构 / 171

　　二、技术经纪人 / 185

　　三、营销流程 / 187

　　四、营销策略 / 205

第六章　技术评估 / 216

　　一、知识产权评估方法 / 216

　　二、专利评估 / 218

　　三、计算机软件评估 / 235

　　四、商标权评估 / 241

第一章
技术交易及其法律体系

一、技术交易的范围与种类

（一）技术

技术是制造一种产品或者提供一次服务的系统的知识。技术往往与"科学"一起使用，称为"科学技术"。但两者相较，"科学"强调基础研究，探求事物的规律和原理；技术侧重于具体应用，基于某种规律或者原理解决具体的问题。所以，技术是指解决问题的技术方法或者技术方案，包括我们常见的一些认知形式或者载体，如原材料、产品、工艺、工具、设备、设施、标准、规范等。

技术要作为商品在市场中自由交易，需要满足三个基本条件：一是技术必须有可以清晰界定和表达的明确边界；二是技术必须具备明确的产权属性；三是技术应该具备显性价值，从而使得通过交易后的技术扩散能为技术需求方带来更高的收益。

（二）技术交易及其范围

技术交易是一种契约行为，它是技术供需双方通过市场化的方式进行技术所有权、使用权和收益权的转移，以及为这种转移所提供的相应的服务。通俗地讲，就是人们有偿交换用于生产产品和服务的知识。

一般来说，交易是指买卖双方对有价物品及服务进行互通有无的行为，交易可以是以货币为交易媒介的过程，也可以是以物易物。与普通的商品交换相比，技术交易的核心是将有明确所有权的可商品化的技术作为交换标的而展开的交易活动。

通常，技术交易的对象是有明确所有权的可商品化的技术，其可交易性多数来自法律的保护，也可能来自所有者自身采取的保密措施。可交易的技术除了技术本身，往往还包括与技术相关的管理方法和操作技能，如操作手册、说明书及计算机软件等知识。

（三）技术交易的种类

由于历史的原因，中国尚未转化的科技资源主要集中在科研机构和高等院校，因而技术转移主要是发生在高等院校（科研机构）和企业之间的纵向转移，企业与企业间的横向转移较少。一般来说，根据合同的性质和交易的内容，技术合同被分为以下四类：

1）技术开发合同。技术开发合同是指当事人之间就新技术、新产品、新工艺和新材料及其系统的研究开发所订立的合同。技术开发合同包括委托开发合同和合作开发合同。委托开发合同是指当事人一方委托另一方进行研究开发所订立的合同。合作开发合同是指当事人各方就共同进行研究开发所订立的合同。

2）技术转让合同。技术转让合同是指当事人就专利权转让、专利申请权转让、专利实施许可、非专利技术的转让所订立的合同。技术转让合同可以约定转让方和受让方实施专利或者使用非专利技术的范围。但是，不得以合同条款限制技术竞争和技术发展。

3）技术咨询合同。技术咨询合同是指当事人一方为另一方就特定技术项目提供可行性论证、技术预测、专题技术调查、分析评价报告所订立的合同。

4）技术服务合同。技术服务合同是指当事人一方以技术知识为另一方解决特定技术问题所订立的合同，不包括建设工程的勘察、设计、施工、安装合同和加工承揽合同。

此外，技术合约按照其技术转让费的支付方式，还可以分为一次性支付合约、分期支付合约、分成合约（以销售额或利润额为基数）、技术入股（技术产权交易）合约等多种形式。

二、技术交易法律体系

（一）中国版"拜杜法案"

1. 美国《拜杜法案》的背景、内容及影响

20世纪以来，高校科研工作在促进科技创新和推动社会进步中的作用日益凸显，多国政府每年利用公共财政资金设立大量的财政资助科技项目。政府资助研发的资金来源于纳税人，政府有义务保障公众获得科研成果的权利，但是美国政府在20世纪80年代以前一直坚持由政府对科研成果拥有所有权。然而，私人部门不能取得知识产权和排他许可，其投资商业性转化的收益没有保障，这些政府财政资助研究开发活动出现了商业转化率低的问题。1978年，美国政府对科研机构的投资超过300亿美元，取得专利28000

项，但只有4%被成功授权。另一个有争议的数据是，大约95%的联邦投资的发明没有被利用。基于此，美国着手对这些财政资助科技项目予以知识产权制度的改革。

1980年，美国国会通过了《拜杜法案》(Bayh-Dole Act)，其立法目标是"促进产生于联邦支持的研发项目的发明的利用，保证该等发明的使用促进自由竞争、不构成未来研发的不当障碍，鼓励发明的商业化，便利公众对发明的获得，且保证政府就联邦支持的发明享有充分的权利，以满足公众需求，避免该等发明的闲置或不合理使用。"换言之，《拜杜法案》的基本宗旨在于激励大学、非营利性研究机构和中小微企业进行研发活动，促进研发成果的商业化运用，进而使社会从研发成果转化为产品，从而带动社会经济发展，使社会整体有所受益。

《拜杜法案》规范了政府资助协议（funding agreement）下知识产权的归属，即允许美国联邦政府资助的科研项目以及联邦政府合同下的科研项目所产生的知识产权归大学、非营利性组织和中小企业所有。与此同时，大学、非营利性研究机构和中小企业承担确保这些科技成果商业化的义务。为了平衡公共利益，《拜杜法案》也规定了例外情形，政府仍然在这些情况下得以保留所有权，并在私人部门未能恰当利用目标成果时，享有介入权，将该成果授权他人使用。

《拜杜法案》通过后，财政资助科技项目中的知识产权数量和转化效益大大提升。1979年美国大学获得专利264件，1997年达到了2436件，2003年达到了3450件。1991—2000年十年间，大学专利申请量增长了238%，大学与企业之间的许可协议增长了161%，大学中的使用费用收入增加了520%。

2. "拜杜法案"的中国改造

中华人民共和国成立初期，我国科研体制基本奉行"教育、科研与生产"三结合的方针，高校承担来自政府部门下达的科研任务，其成果直接与生产领域对接，此过程中并未涉及技术所有者的主体变更。为了鼓励发明和推广应用科研成果，1963年10月，国务院通过了《发明奖励条例》和《技术改进奖励条例》，开始实行单一的发明奖励制度。发明奖励制度是我国知识产权制度建立起来之前，促进国民技术创新活动的最为重要的激励机制，即发明的所有权人是国家，发明的奖励主体是国家，发明的实施权也在国家。

自改革开放以来至20世纪80年代，我国逐步建立起知识产权制度和法律体系，此时并未出现专门的法律和政策对大学科研成果的知识产权做出规定。我国科技政策制定者关注到技术转移过程中的知识产权问题，20世纪90年代起知识产权也成为一项"应予评估"的资产得到全面重视。与此同时，在美国《拜杜法案》经验下，20世纪90年代后期，为促进科技成果转化为现实生产力，规范科技成果转化活动，我国制定了包括《中华人民共和国促进科技成果转化法》（1996年），《中共中央、国务院关于加强技术创新发展高科技实现产业化的决定》（1999年）等政策。

21世纪以来，我国先从部门规章上确认了财政资助的专利产权归属。2000年12月13日出台的《关于加强与科技有关的知识产权保护和管理工作的若干意见》规定原则上中国国家财政资助完成的科研成果归承担单位所有。2007年修订的《中华人民共和国科学技术进步法》继而将之上升到法律层面，被法学界称为中国版的"拜杜法案"，其中第二十条明确规定了财政资助项目的知识产权，在一般情况下由授权项目承担者依法取得[①]。2015年，我国又对《中华人民共和国促进科技成果转化法》（1996年）进行了修订，依据该法第四十五条，科技成果完成单位对科技人员约定奖励和报酬，应不低于从该项科技成果转让、许可净收入或者投资股权的50%；将该项职

---

① 《中华人民共和国科学技术进步法》第二十条：利用财政性资金设立的科学技术基金项目或者科学技术计划项目所形成的发明专利权、计算机软件著作权、集成电路布图设计专有权和植物新品种权，除涉及国家安全、国家利益和重大社会公共利益的外，授权项目承担者依法取得。

务科技成果自行实施或者与他人合作实施的,应当在实施转化成功投产后连续3~5年,每年可从实施该项科技成果的营业利润中提取不低于5%的比例。

在《中华人民共和国促进科技成果转化法》于2015年8月修订之后,国务院、教育部和科技部等部门也出台了系列相关政策鼓励和促进高校科技成果转化。这些文件建构了较为完备的科技成果转化体系,包括国务院制定的《实施〈中华人民共和国促进科技成果转化法〉若干规定》《国家技术转移体系建设方案》;国务院办公厅发布的《促进科技成果转移转化行动方案》;中共中央办公厅、国务院办公厅印发的《关于实行以增加知识价值为导向分配政策的若干意见》,以及教育部、科技部制定的《关于加强高等学校科技成果转移转化工作的若干意见》。

延伸阅读

北京市立法保障创新主体的合法权益

2019年11月27日,北京市十五届人大常委会第十六次会议表决通过了《北京市促进科技成果转化条例》(简称《条例》),促进北京市高精尖经济结构和高质量发展,打造具有全球影响力的全国科技创新中心。该《条例》按照改革于法有据、立法引领改革精神,针对成果转化的突出问题,以调动科研人员积极性为核心,实现科技成果"有的转"(解决源头问题)→"有权转"(解决权益问题)→"愿意转"(解决动力问题)→"转得顺"(解决体制机制问题)。该《条例》分为六章有四十五条,分别为总则、成果权益、转化实施、政府支持和保障、法律责任和附则。

该《条例》的重要内容之一,就是全方位保障创新主体的合法权益。

一是赋予科研人员更大自主权。政府设立的高校院所可以将其依法取得的职务科技成果的知识产权及相关权利,全部或者部分给予科技成果完成人,并约定双方成果转化收入的分配方式。同时,赋予科研人员在一定条件下的自主实施转化权,避免科技成果转化错失良机。

二是明确规定政府设立的高校院所可以自主决定实施转化,除涉及国家秘密、国家安全外,不需审批或者备案,并可自主决定是否进行资产评估。

三是细化科技成果转化奖励和报酬等收益分配制度。规定科研人员获得奖励和报酬的原则、标准及时限,明确科技成果转化收入分配比例、收入不受工资总额和绩效工资总量限制、净收入含义等。同时根据北京市实际,将奖励和报酬比例给予更高的选择权,规定可以不低于转让、许可净收入的70%,不低于作价投资形成股份或出资比例的70%等。另外,还明确了担任领导职务的科技人员获得奖励和报酬相关规定,并规定其法定责任。

四是明确科技成果限时转化措施。该《条例》规定,项目承担者在约定转化期限内未实施转化且无正当理由的,项目主管部门可以按照约定终止项目,可以在技术市场信息网络平台发布该项目成果,许可他人实施。

延伸阅读

深圳市立法为科技人员赋权

深圳市人大常委会于2020年8月30日审议通过《深圳经济特区科技创新条例》(简称《条例》),同年11月1日起施行。该《条例》为科技人员赋权,并确立了高校科研机构的科技成果自主转化权。

该《条例》赋予科技人员职务科技成果所有权或者长期使用

权，将对科技人员的激励由"先转化后奖励"调整为"先赋权后转化"，以立法形式规定"全部或者主要利用财政性资金取得职务科技成果的，高等院校、科研机构应当赋予科技成果完成人或者团队科技成果所有权或者长期使用权"。同时，"按份共有的，科技成果完成人或者团队持有的份额不低于百分之七十"；结合科技成果转化周期特点，将所赋予的长期使用权期限设定为不少于10年。当然，另外也规定，"对于同一职务科技成果，科技人员获得职务科技成果所有权或者长期使用权的，其单位可以不再给予成果转化收益及相关奖励"。这样，通过赋权科技人员，将科技成果转化后的收益和奖励前置到转化前，推动科技人员发明创造更具有市场应用前景的科技成果，提高科技成果质量；更大限度地调动科技人员对其所有或者长期使用的科技成果实施转化的积极性，激发科技成果转化活力。

与此同时，该《条例》赋予政府设立的高校科研院所科技成果自主转化权，除非涉及国家秘密、国家安全等，无须政府审批，并自主决定转化方式。为避免高等院校、科研机构领导人员决策时瞻前顾后，解决科技成果决策的后顾之忧，该《条例》规定高等院校、科研机构有关负责人只要履行了勤勉尽职义务，严格执行决策、公示等管理制度，没有牟取非法利益或者恶意串通的，可以免予追究其在科技成果定价、自主决定资产评估，以及职务科技成果赋权中的决策失误责任。

（二）中国版"拜杜法案"要解决的主要问题

1. 市场环境问题

在2007年《中华人民共和国科学技术进步法》修订之前，我国高校科技成果的转化率是5%，然而，在其颁布后的几年中，我国高校科技成果转化率并没有提高，并未出现明显增长，主要问题体现为缺乏良好的市场环境。

2018年9月20日，北京市海淀区检察院向北京市海淀区法院要求撤回对清华大学教授付某的起诉，海淀区法院于次日做出准许撤诉的裁定，该案的处理以付某的无罪而告终。该案深刻地揭示了涉及职务技术成果转化当中的转化决定权归属、转化收益分配等问题，这在一定程度上反映出我国的"拜杜法案"在运行中的问题，也与我国创新驱动发展战略实施的要求不相符合。

正是基于此，政府为了优化科技成果转化的市场环境，进一步理顺科研成果转化与相应制度环境之间的关系：一方面注重保护发明人的利益，从而调动其创造积极性；另一方面又减少政府对高校、非营利性科研机构的过度行政干预，保证私人科研部门享有较强的自主性。事实上，市场环境涉及两大主要矛盾：一是"发明人中心主义"的激励机制与法律规定的科研成果知识产权归属之间的矛盾；二是高校科研院所的特殊身份导致的国有资产流失与法律规定的高校所享有的自主权之间的矛盾。

（1）"发明人中心主义"的激励机制与法律规定的科研成果知识产权归属之间的矛盾

我国的职务发明在权属界定和权利行使上均奉行单位主义，职务发明的权利归属单位。2007年修订的《中华人民共和国科学技术进步法》第二十条明确规定了高校作为项目承担单位，享有财政资助科技项目中知识产权的所有权，该项发明创造为职务发明创造。具体承担任务的课题组科研人员作为发明人仅享有署名权、奖酬获取权，发明人无权处分属于学校的知识产权。

将科研成果的知识产权归属于项目承担单位，大大减弱了"发明人中心主义""发明人至上"所具备的激励机制，架空了发明人在中国"拜杜法案"的框架之下所本应享有的权利。根据《中华人民共和国科学技术进步法》《中华人民共和国促进科技成果转化法》的规定，职务发明的完成人只有在与单位签订协议的情况下才可以自行实施转化，而高校在出现技术成果转化需要复杂的技术或雄厚的资金支持的情况下，便很有可能怠于行使其转化权利，进而造成科研成果的闲置，从而导致我国在出台一系列法律法规之后，仍然存在科研成果转化率低的困境。

（2）高校特殊身份导致的国有资产流失与法律规定的高校自主权之间的矛盾

我国高校科研院所大多数属于国有事业单位，政府对于大学的管理是一种集权式的管理模式，模糊了政府教育行政职能与高校管理职能之间的界限，这也导致高校不能真正享有财政资助科技项目中的知识产权，其仍旧属于国有资产，转化实施还受到国有资产监管机制的制约。针对该问题，2015年修订的《中华人民共和国促进科技成果转化法》明确了高校的成果转化自主权，这使得高校在职务成果转化方面得以免除国有资产监管方面的程序限制。2016年国务院出台的《实施〈中华人民共和国促进科技成果转化法〉若干规定》进一步明确了高校对于其持有的科技成果具有自主决定权，原则上不需审批备案，同时转化科技成果所得留归单位，不上缴国库。上述规定旨在打破高校科技成果的国有资产管理束缚，减少行政审批程序，使权利切实下放到高校。

虽然从程序上高校确实在一定程度上摆脱了事业单位身份的束缚，具有一定自主性。然而，从实体上来看，《事业单位国有资产管理暂行办法》规定高校在国有资产管理中的职责，包括负责本单位资产的增值保值和有效利用等，其中第二十条明确规定，事业单位应当加强对本单位专利权、商标权、著作权、土地使用权、非专利技术、商誉等无形资产的管理，防止无形资产流失。可见，高校作为事业单位，其科研成果属于无形国有资产，高校负有防止无形资产流失的法定义务，也负有负责本单位资产的增值保值、有效利用的法定义务。然而，作为科研成果的知识产权权利主体，高校能否在这样的管理体制下自主处置其权利,在我国仍未有一个较为清晰的答案。

诚然,中国和美国高校科研院所知识产权的归属问题,都经历了从"国家所有"向"大学所有"的变迁。如前所述,我国地方性立法和政府相关政策正在完善,中央和地方都采取一定措施进行先行先试。

延伸阅读

深圳先行先试完善技术成果转化制度

据新华社 2020 年 10 月 11 日消息,近日,中共中央办公厅、国务院办公厅印发了《深圳建设中国特色社会主义先行示范区综合改革试点实施方案(2020—2025 年)》(简称《试点实施方案》)。《试点实施方案》规定,要加快完善技术成果转化相关制度:"改革科研项目立项和组织方式,建立主要由市场决定的科技项目遴选、经费分配、成果评价机制。深化科技成果使用权、处置权和收益权改革,在探索赋予科研人员职务科技成果所有权或长期使用权、成果评价、收益分配等方面先行先试。探索政府资助项目科技成果专利权向发明人或设计人、中小企业转让和利益分配机制,健全国有企业科研成果转化利益分配机制。完善技术成果转化公开交易与监管体系。"

(三)技术交易法的体系构成

技术交易的法律体系,由技术合同法、技术权利法、技术促进法、技术管制法四个部分组成。《中华人民共和国科学技术进步法》作为科技领域的基本法,对技术交易具有统摄作用。相关条文列表加以说明。

技术交易法的体系构成简表

颁布/发布时间	文件名称	重点条文
1993年颁布、2007年修订	《中华人民共和国科学技术进步法》	第二十条　利用财政性资金设立的科学技术基金项目或者科学技术计划项目所形成的发明专利权、计算机软件著作权、集成电路布图设计专有权和植物新品种权，除涉及国家安全、国家利益和重大社会公共利益的外，授权项目承担者依法取得。 　　项目承担者因实施本条第一款规定的知识产权所产生的利益分配，依照有关法律、行政法规的规定执行；法律、行政法规没有规定的，按照约定执行。 　　第二十一条　国家鼓励利用财政性资金设立的科学技术基金项目或者科学技术计划项目所形成的知识产权首先在境内使用。 　　前款规定的知识产权向境外的组织或者个人转让或者许可境外的组织或者个人独占实施的，应当经项目管理机构批准；法律、行政法规对批准机构另有规定的，依照其规定。
1996年颁布、2015年修订	《中华人民共和国促进科技成果转化法》	第二条　本法所称科技成果，是指通过科学研究与技术开发所产生的具有实用价值的成果。职务科技成果，是指执行研究开发机构、高等院校和企业等单位的工作任务，或者主要是利用上述单位的物质技术条件所完成的科技成果。 　　本法所称科技成果转化，是指为提高生产力水平而对科技成果所进行的后续试验、开发、应用、推广直至形成新技术、新工艺、新材料、新产品，发展新产业等活动。 　　第十七条　国家鼓励研究开发机构、高等院校采取转让、许可或者作价投资等方式，向企业或者其他组织转移科技成果。 　　国家设立的研究开发机构、高等院校应当加强对科技成果转化的管理、组织和协调，促进科技成果转化队伍建设，优化科技成果转化流程，通过本单位负责技术转移工作的机构或者委托独立的科技成果转化服务机构开展技术转移。 　　第四十四条　职务科技成果转化后，由科技成果完成单位对完成、转化该项科技成果做出重要贡献的人员给予奖励和报酬。 　　科技成果完成单位可以规定或者与科技人员约定奖励和报酬的方式、数额和时限。单位制定相关规定，应当充分听取本单位科技人员的意见，并在本单位公开相关规定。
1984年颁布、2020年修订	《中华人民共和国专利法》	第六条　执行本单位的任务或者主要是利用本单位的物质技术条件所完成的发明创造为职务发明创造。职务发明创造申请专利的权利属于该单位；申请被批准后，该单位为专利权人。该单位可以依法处置其职务发明创造申请专利的权利和专利权，促进相关发明创造的实施和运用。

续表

颁布/发布时间	文件名称	重点条文
1984年颁布、2020年修订	《中华人民共和国专利法》	非职务发明创造,申请专利的权利属于发明人或者设计人;申请被批准后,该发明人或者设计人为专利权人。 利用本单位的物质技术条件所完成的发明创造,单位与发明人或者设计人订有合同,对申请专利的权利和专利权的归属作出约定的,从其约定。 第十六条 被授予专利权的单位应当对职务发明创造的发明人或者设计人给予奖励;发明创造专利实施后,根据其推广应用的范围和取得的经济效益,对发明人或者设计人给予合理的报酬。
1999年发布、2013年修订	《国家科学技术奖励条例》	第十一条 国家科学技术进步奖授予在应用推广先进科学技术成果,完成重大科学技术工程、计划、项目等方面,做出突出贡献的下列公民、组织: (一)在实施技术开发项目中,完成重大科学技术创新、科学技术成果转化,创造显著经济效益的; (二)在实施社会公益项目中,长期从事科学技术基础性工作和社会公益性科学技术事业,经过实践检验,创造显著社会效益的; (三)在实施国家安全项目中,为推进国防现代化建设、保障国家安全做出重大科学技术贡献的; (四)在实施重大工程项目中,保障工程达到国际先进水平的。 前款第(四)项重大工程类项目的国家科学技术进步奖仅授予组织。
2016年发布	《实施〈中华人民共和国促进科技成果转化法〉若干规定》	(二)国家设立的研究开发机构、高等院校应当建立健全技术转移工作体系和机制,完善科技成果转移转化的管理制度,明确科技成果转化各项工作的责任主体,建立健全科技成果转化重大事项领导班子集体决策制度,加强专业化科技成果转化队伍建设,优化科技成果转化流程,通过本单位负责技术转移工作的机构或者委托独立的科技成果转化服务机构开展技术转移。鼓励研究开发机构、高等院校在不增加编制的前提下建设专业化技术转移机构。 国家设立的研究开发机构、高等院校转化科技成果所获得的收入全部留归单位,纳入单位预算,不上缴国库,扣除对完成和转化职务科技成果作出重要贡献人员的奖励和报酬后,应当主要用于科学技术研发与成果转化等相关工作,并对技术转移机构的运行和发展给予保障。 (三)国家设立的研究开发机构、高等院校对其持有的科技成果,应当通过协议定价、在技术交易市场挂牌交易、拍卖等市场化方式确定价格。协议定价的,科技成果持有单位应当在本单位公示科技成果名称和拟交易价格,公示时间不少于15日。单位应当明确并公开异议处理程序和办法。

续表

颁布/发布时间	文件名称	重点条文
2020年发布	《中华人民共和国民法典》第三编 合同 第二十章 技术合同 第二节 技术开发合同	第八百五十一条 技术开发合同是当事人之间就新技术、新产品、新工艺、新品种或者新材料及其系统的研究开发所订立的合同。 技术开发合同包括委托开发合同和合作开发合同。 技术开发合同应当采用书面形式。 当事人之间就具有实用价值的科技成果实施转化订立的合同，参照适用技术开发合同的有关规定。 第八百六十一条 委托开发或者合作开发完成的技术秘密成果的使用权、转让权以及收益的分配办法，由当事人约定；没有约定或者约定不明确，依据本法第五百一十条的规定仍不能确定的，在没有相同技术方案被授予专利权前，当事人均有使用和转让的权利。但是，委托开发的研究开发人不得在向委托人交付研究开发成果之前，将研究开发成果转让给第三人。
	《中华人民共和国民法典》第三编 合同 第二十章 技术合同 第三节 技术转让合同和技术许可合同	第八百六十三条 技术转让合同包括专利权转让、专利申请权转让、技术秘密转让等合同。 第八百六十四条 技术转让合同和技术许可合同可以约定实施专利或者使用技术秘密的范围，但是不得限制技术竞争和技术发展。 第八百六十八条 技术秘密转让合同的让与人和技术秘密使用许可合同的许可人应当按照约定提供技术资料，进行技术指导，保证技术的实用性、可靠性，承担保密义务。 前款规定的保密义务，不限制许可人申请专利，但是当事人另有约定的除外。 第八百六十九条 技术秘密转让合同的受让人和技术秘密使用许可合同的被许可人应当按照约定使用技术，支付转让费、使用费，承担保密义务。 第八百七十四条 受让人或者被许可人按照约定实施专利、使用技术秘密侵害他人合法权益的，由让与人或者许可人承担责任，但是当事人另有约定的除外。 第八百七十五条 当事人可以按照互利的原则，在合同中约定实施专利、使用技术秘密后续改进的技术成果的分享办法；没有约定或者约定不明确，依据本法第五百一十条的规定仍不能确定的，一方后续改进的技术成果，其他各方无权分享。 第八百七十六条 集成电路布图设计专有权、植物新品种权、计算机软件著作权等其他知识产权的转让和许可，参照适用本节的有关规定。

三、技术交易中的知识产权问题

（一）技术交易中的商业秘密保护

1. 技术秘密的法律保护

（1）技术秘密的界定

技术秘密是指不为公众所知悉、能为权利人带来经济利益、具有实用性并经权利人采取保密措施的技术信息[①]。企业要结合实际情况，对本企业的技术信息和经营信息进行清理。在清理过程中，对有关信息适用哪种知识产权保护形式，企业要权衡利弊后做出合理选择。对于确实适合以商业秘密形式保护的信息，要准确认定商业秘密的范围，并把商业秘密作为重要的知识产权纳入企业资产管理的轨道。

企业在确定商业秘密的范围时，可以根据商业秘密的重要程度，如关系到企业生存与发展及重大经济利益、关系到企业发展及较大经济利益、影响企业经济利益等程度，对商业秘密确定不同的密级。采取切实可行的保护措施，防止商业秘密被窃密、泄密和破密。如果发现国有企业商业秘密的合法权益受到侵害，要及时通过行政或司法途径予以解决。

（2）反向工程

他人通过研究技术秘密权利人售出的产品或者用户手册等，以回溯、反向等方法获得权利人技术秘密的反向工程，一般认为是合法的，不属于非法获得商业秘密。反向工程主要存在于软件、集成电路和化学领域。他人对技术秘密实施反向工程后，一般会选择自己使用该技术秘密，并予以保密，

[①] 最高人民法院发布：《全国法院知识产权审判工作会议关于审理技术合同纠纷案件若干问题的纪要》，2001年6月19日。技术合同中所称的技术秘密，实际上与《中华人民共和国反不正当竞争法》中对于"商业秘密"的界定基本相同，在技术领域很少涉及经营信息。因此，这里所称"技术秘密"与"商业秘密"是同义语，与"技术秘密成果"也是同义语。

那么该技术秘密的原始权利人和实施反向工程的人都作为该技术秘密的权利人受到法律保护；但是，也有选择公开技术秘密的情况，一经公开，技术秘密就丧失了秘密性，无法受到法律保护。因此，技术开发者需要判断自己的技术秘密被他人成功实施反向工程的可能性，然后再决定是以专利方式还是以技术秘密方式加以保护。

2. 技术秘密转让的法律保护

（1）技术秘密的转让与使用许可

由于《中华人民共和国民法典》第三编第二十章第三节将技术秘密转让合同作为一种技术转让合同进行规定。因此，技术秘密的转让（实际上包括使用许可）适用其有关技术合同的规定。当事人均有不经对方同意而自己使用或者以普通使用许可的方式许可他人使用技术秘密并独占由此获得的利益的权利。当事人一方将技术秘密成果的使用权、转让权全部让与他人，或者以独占、排他使用许可的方式许可他人使用技术秘密的，必须征得对方当事人的同意。当事人一方仅享有自己使用技术秘密的权利，但其不具备独立使用该技术秘密的条件，以普通使用许可的方式许可一个法人或者其他组织使用该技术秘密，或者与一个法人、其他组织或者自然人合作使用该技术秘密或者通过技术入股与之联营使用该技术秘密，可视为当事人自己使用技术秘密。

（2）委托开发或者合作开发完成的技术秘密成果的权属

根据《中华人民共和国民法典》第八百六十一条规定，委托开发或者合作开发完成的技术秘密成果的使用权、转让权以及收益的分配办法，由当事人约定；没有约定或者约定不明确，依据本法第五百一十条的规定仍不能确定的，在没有相同技术方案被授予专利权前，当事人均有使用和转让的权利。但是，委托开发的研究开发人不得在向委托人交付研究开发成果之前，将研究开发成果转让给第三人。

3. 签订保密协议和竞业限制协议

（1）保密协议

企事业单位可以按照有关法律规定，与本单位的科技人员、行政管理人员以及因业务上可能知悉技术秘密的人员或业务相关人员签订技术保密协议。签订技术保密协议，应当遵循公平、合理的原则，其主要内容包括保密的内容和范围、双方的权利和义务、保密期限、违约责任等。技术保密协议可以在有关人员调入本单位时签订，也可以与已在本单位工作的人员协商后签订。拒不签订保密协议的，单位有权不调入，或者不予聘用。但是，有关技术保密协议不得违反法律、法规规定，或非法限制科技人员的正当流动。

同时，协议条款所确定的双方权利义务不得显失公平。承担保密义务的科技人员享有因从事技术开发活动而获取相应报酬和奖励的权利。单位无正当理由，拒不支付奖励和报酬的，科技人员或者有关人员有权要求变更或者终止技术保密协议。技术保密协议一经双方当事人签字盖章，即产生法律效力，任何一方违反协议的，另一方可以依法向有关仲裁机构申请仲裁或向人民法院提起诉讼。

针对技术秘密转移的转让方，对内通过和涉密员工签订保密协议，规定员工在职期间和离职以后不得泄露技术秘密；对外在技术转移过程中，在技术合同中，约定受让方有保密义务，不得向任何第三方泄露技术秘密，若违反保密条款，将承担严重的违约责任。同样针对技术秘密转移的受让方，对于可能接触到该技术秘密的人员，应该与之签订保密协议，以避免技术秘密转移后由员工泄密。

（2）竞业限制协议

对于核心技术人员，企业应该建立完善的激励机制，尽量避免人才流失，但科技人员流动也有利于促进知识创新。核心技术人员的正常流动有时难以避免,因此企业可以根据技术秘密的性质,与核心技术人员签订竞业限制协议,或者在劳动聘用合同、知识产权权利归属协议或者技术保密协议中,与对本单位技术权益和经济利益有重要影响的有关行政管理人员、科技人员和其他相关人员协商,约定竞业限制条款,约定有关人员在离开单位后一定期限内不得在生产同类产品或经营同类业务且有竞争关系或者其他利害关系的其他单位内任职,或者自己生产、经营与原单位有竞争关系的同类产品或业务。凡有这种约定的,单位应向有关人员支付一定数额的补偿费。

科技人员或相关人员在离开原单位后,利用在原单位掌握或接触的由原单位所拥有的技术秘密,并在此基础上做出新的技术成果或技术创新,有权就新的技术成果或技术创新予以实施或者使用,但在实施或者使用时利用了原单位所拥有的,且其本人负有保密义务的技术秘密时,应当征得原单位的同意,并支付一定的使用费;未征得原单位同意或者无证据证明有关技术内容为自行开发的新的技术成果或技术创新的,有关人员和用人单位应当承担相应的法律责任。

(二)职务行为产生的权属问题

1. 职务发明创造的权属

(1)职务发明的范围

从《中华人民共和国专利法》(2020年)现有规定看,我国职务发明的认定大致遵循两类标准:一是"职责标准",二是"资源标准"。

对于执行本单位的任务所完成的发明创造的认定,《专利法实施细则》(2010年)第十二条则进一步将这类发明创造划分为三类:①在本职工作中做出的发明创造;②履行本单位交付的本职工作之外的任务所做出的发明创造;③退休、调离原单位后或者劳动、人事关系终止后1年内作出的,与其在原单位承担的本职工作或者原单位分配的任务有关的发明创造。

对此，应从单位与雇员双方的主观态度和客观表现进行判断。如果雇员的工作任务约定就是进行研发以获得某方面的发明创造，其所获成果无疑属于执行本单位的任务所完成的发明创造，即为职务发明创造。但是如果单位没有给雇员下达进行发明创造的任务，雇员只要完成了劳动合同中约定、任务书中依法规定的，以及单位依法规定的其他岗位职责，就已经完全履行了职务。至于其在完成本职工作过程中做出了相关的发明创造，应当属于发明人自主进行创造性智力劳动的结果，而不是为了完成本单位的工作任务，因此不属于执行本单位的任务完成的发明创造。

对于"资源标准"，即主要利用本单位的物质技术条件所完成的发明创造，其认定标准主要依据最高人民法院于2004年年末出台的《最高人民法院关于审理技术合同纠纷案件适用法律若干问题的解释》（简称《解释》）中的规定："主要利用法人或其他组织的物质技术条件"，包括职工在技术成果的研究开发过程中，全部或者大部分利用了法人或其他组织的资金、设备或者原材料等物质条件，并且这些物质条件对形成该技术成果具有实质性的影响；还包括该技术成果的实质性内容是在法人或者其他组织尚未公开的技术成果、阶段性技术成果的基础上完成的情形。可见，《解释》对于"主要利用"的理解给出了较为明确的回答。

虽然"主要利用"与"次要利用"在学理上可以通过标准化加以区分，但现实情况的复杂性远远超过了标准所能及。具体来说，在既没有约定，又不能判定是主要利用还是次要利用，进一步也就无法判定是职务发明还是非职务发明，发明人的利益也就无法保证，单位与发明人之间的利益并不能公正分配。因此，将非因单位任务而利用单位物质技术条件所得出的发明成果之专利权完全归于发明人较为妥当。由于单位对此的确支出了相应的物质技术材料，发明人应当在技术成果获得利益时给予单位相应的返还或可以借鉴别国先进经验，给予单位优先有偿实施权。

（2）职务发明的归属

职务发明创造是指执行本单位的任务或主要是利用本单位的物质技术条件所完成的发明创造。这里所指的主要是利用本单位的"物质技术条件"，是2000年《中华人民共和国专利法》第二次修改时从"物质条件"一词修改而来的，这表明职务发明创造过程中所利用单位的条件不仅是物质条件，还需要技术条件。实践中，拿着单位的工资，在单位的办公室进行技术研发，而这种研发如果不属于执行本单位的任务，又没有利用单位的技术条件，那么这种研发产生的发明创造也不属于职务发明创造，因为发明人或设计人没有利用单位的技术条件。不过，这种主要利用本单位物质技术条件进行发明创造的情形，在权利归属问题上确立了合同优先原则，即单位与发明人或设计人订有合同，对申请专利的权利和专利权的归属作出约定的，从其约定。

职务发明权属问题上的平衡，一是调动科研人员的积极性，使其自筹资金，按照市场需求进行研发；二是利用单位的闲置资金、设备等，达到智力资源和物质资源的优化组合；三是法律预设，给个人和单位留有更多的选择余地，在减少纠纷的同时，充分实现专利法鼓励发明创造的立法宗旨。

从我国科技发展现状分析看来，充分激发科研人员的发明积极性是重中之重。要实现这一目标，就要从法律上保证其对自己成果的权利且应使其能有效地行使自己的权利。当然，也必须在保证科技人员利益的同时，兼顾用人单位的利益，做到两者之间的利益平衡。

从权利保障的角度来看，对于执行本单位的任务所完成的发明创造的权利归属，最恰当的安排是将此项发明创造的权利归属于单位，同时以有效的制度保障发明人的权利（包括署名权与获得报酬和实施请求权）。将实施专利的主导权交给单位，可以促进企业尽量使用新发明和新技术，以促进技术进步，更能使得专利技术带来经济效益。职务发明人或者设计人应当享有在专利文件上署名的权利，从而承认其作为成果完成人的确定方式。从某种意义上说，这是国家鼓励发明人或者设计人的发明创造精神的基本保障，以此保障发明人或者设计人所应享有的发明成果的"精神性权利"。

从奖酬制度的角度来看，只要奖酬制度得当，发明人会获得应有的回报。《中华人民共和国专利法实施细则》（2010年）（简称《实施细则》）已修订职务发明奖励报酬制度[①]，就奖励报酬的方式和数额的确定规定了约定优先的原则，即职务发明创造奖励和报酬的方式和数额，可以由单位和发明人、设计人自行约定，或者也可以在企业依法制定的规章制度里加以规定。如果没有约定，或者在规章制度中也无明文规定，则适用《实施细则》规定的法定标准。企业、事业单位独立研究开发或者与其他单位合作研究开发的科技成果实施转化成功投产后，单位应当连续3～5年从实施该科技成果新增留利中提取不低于5%的比例，对完成该项科技成果及其转化做出重要贡献的人员给予奖励。

从促进技术成果转化的角度来看，根据《中华人民共和国促进科技成果转化法》规定，职工不得将职务科技成果擅自转让或者变相转让。企业、事业单位应当建立健全技术秘密保护制度，保护本单位的技术秘密，还要防止单位不积极实施专利，致使专利闲置、专利转化率低下等问题，在将专利权归属于单位的同时，也有必要赋予发明人的实施请求权：在单位不实施专利的情况下，发明人有权要求获得合理报酬，如果单位拒绝，则发明人可以要求单位将专利许可他人使用。

同时，国家设立的研究开发机构、高等院校所取得的具有实用价值的职务科技成果，本单位未能适时地实施转化的，科技成果完成人和参与人在不变更职务科技成果权属的前提下，可以根据与本单位的协议进行该项科技成果的转化，并享有协议规定的权益。对于主要利用本单位的物质技术条件所完成的发明创造，不应当简单地按照谁投资谁受益的原则，因为此种情况

---

① 《中华人民共和国专利法实施细则》（2010年）第七十六条规定：被授予专利权的单位可以与发明人、设计人约定或者在其依法制定的规章制度中规定现行专利法第十六条规定的奖励、报酬的方式和数额。企业、事业单位给予发明人或者设计人的奖励、报酬，按照国家有关财务、会计制度的规定进行处理。

下,单位并不是主动有计划有组织地投入物质技术条件,也并不有意追求发明创造的完成,自然难以产生对该项发明创造的转化积极性。因此,应当将此种情形下的发明创造成果的权利归属于发明人,该单位对发明人的科技成果转化活动应当予以支持,单位也可以分享发明人在实施(包括许可他人实施)或转让该项发明创造中获得的收益。

2. 职务作品的权属与利益分配

职务作品是指公民为完成法人或者其他组织工作任务所创作的作品。这里所称"工作任务"是指公民在该法人或者该组织中应当履行的职责,且这种任务一般是由单位明确下达的。因此,即使某工作人员的工作任务是进行创作,但如果单位没有下达明确的创作任务,其自行创作的作品也不属于职务作品。普通职务作品著作权由作者享有,但法人或者非法人单位有权在其业务范围内优先使用;作品完成两年内,未经单位同意,作者不得许可第三人以与单位使用的相同方式使用该作品。职务作品完成两年内,经单位同意,作者许可第三人以与单位使用的相同方式使用作品所获报酬,由作者与单位按约定的比例分配。该作品的创作代表创作人自己的意志,不代表单位的意志,由创作人自己承担责任。

如果作品的创作人是代表单位的意志进行的创作,且由单位承担责任,这样的作品为法人作品,是特定种类的职务作品,作者享有署名权,著作权的其他权利由法人或者非法人单位享有。作者除享有署名权之外,还可要求法人或者其他组织给予奖励。

职务软件则是指自然人在法人或者其他组织任职期间所开发的软件有下列情形之一的软件:针对本职工作中明确指定的开发目标所开发的软件;开发的软件是从事本职工作活动所预见的结果或者自然的结果;主要使用了法人或者其他组织的资金、专用设备、未公开的专门信息等物质技术条件所开发并由法人或者其他组织承担责任的软件。职务软件著作权由该法人或者其他组织享有,该法人或者其他组织可以对开发软件的自然人进行奖励。

(三)政府资助形成的权属问题

政府科技投入既不同于私人科技投入,也不同于政府自身的经营性投资,因此它不能适用于私人科技投入和政府经营性投资的市场规则。政府是公共利益的代表者、科技政策的制订者,起着管理和调控的作用。政府科技投入的项目资助的终极目标是促进技术创新,并使科技成果得以最充分利用,从而推动国家和社会科学技术的进步。因此,项目资金投入的政府部门不应该利用"谁投资、谁拥有""谁投资、谁收益"的市场原则,从受资方那里要求充分的经济利益回报,更不能将其投入项目的科技成果的知识产权独占。

1. 权利归属

在国家科技计划和基金项目中,国家与项目承担者之间属于委托研究开发关系,对委托研究开发中产生的有关知识产权,法律明确规定由承担者享有和国家享有两种情况。

(1)承担者享有

《中华人民共和国科学技术进步法》第二十条、第二十一条规定了政府资助项目研发过程中所新创造的知识产权归属。利用财政性资金设立的科学技术基金项目或者科学技术计划项目所形成的发明专利权、计算机软件著作权、集成电路布图设计专有权和植物新品种权,除涉及国家安全、国家利益和重大社会公共利益的外,授权项目承担者依法取得。这里称国家科技计划和基金项目的项目承担者,是指与项目下达部门签订科研任务书的合同一方,可以是机构,也可以是个人。

项目承担者依法自主决定实施前述知识产权或者许可他人实施、转让、作价入股等，并取得相应的收益。同时采取相应保护措施，并就实施和保护情况向项目管理机构提交年度报告。国家根据需要，保留对科研项目研究成果无偿使用、开发、使之有效利用和获取收益的权利。在合理期限内没有实施的，国家可以无偿实施，也可以许可他人有偿实施或者无偿实施。

前述各类知识产权技术含量高且产业应用价值大，将知识产权授予项目承担者，有利于调动承担者申请知识产权保护、实施产业化的积极性。

（2）国家享有

对涉及国家安全、国家利益和重大社会公共利益的项目，应当明确约定国家对研究成果拥有的权利，并指定机构负责成果及其知识产权管理。与此同时，为确保科研项目成果切实发挥应有的社会效益和经济效益，对项目承担者所享有的上述知识产权，《中华人民共和国科学技术进步法》还规定了承担者的义务和国家保留的权利：

第一，要求承担者依法保护项目形成的知识产权，积极予以产业化，并就实施和保护情况向项目管理机构提交年度报告，以便国家对其实施情况实行监督。

第二，鼓励承担者对上述知识产权首先在境内使用，使国家科技计划和基金项目成果为我国经济社会发展服务。为避免上述知识产权被国外垄断，规定上述知识产权向境外的组织或者个人转让或者独占许可的，应当经项目管理机构批准。

第三，对承担者在合理期限内没有实施的知识产权，国家可以无偿实施，也可以许可他人有偿实施或者无偿实施，其中对"合理期限"的规定将根据项目的领域、技术成熟程度等情况综合判断。

第四，无论承担者实施情况如何，为了国家安全、国家利益和重大社会公共利益的需要，国家可以无偿实施，也可以许可他人有偿实施或者无偿实施。

2. 利益分配

根据公共利益的需要和当前我国国情，在解决政府投入项目成果知识产权归属问题上，应以"有限的放权"为总体指导思想，既要赋予大学与研究机构及其研发人员更多的自主权利，又要保障政府出于公共利益而享有的使用权和行政介入权。因此，我国在确立政府投入项目成果知识产权归属时，应以"有限放权"为总体指导思想，并坚持三个基本的归属原则：经济效益原则，强调项目成果应该被充分利用以实现其经济效益的最大化；利益平衡原则，强调研发单位及个人利益与国家及社会利益的协调性；鼓励创新原则，体现了从根本上维护技术创新、促进科技进步的战略目标。在处理政府资助项目中新创造的知识产权归属问题上，必须同时坚持上述原则。

（四）合作研发产生的权属问题

1. 合作研发立项阶段的知识产权风险防范

合作研发立项阶段，各方主体之间还没有真正展开合作，但是进行立项可行性分析时，不可避免地需要对各方所有的知识资源和技术实施能力进行一般性展示、交流和评价，判断创新资源的互补性，这对于合作研发科技成果的成功产出至关重要。一方面，需要防范合作研发各方主体的知识产权被恶意窃取和复制的风险，注意识别部分企业的恶意企图。合作研发立项磋商的目的旨在恶意窃取其他企业的知识资产，而对自己知识资产进行展示和评价中，向对方提供虚假或错误的信息，如以专利申请号冒充专利批准号，提供自身并不拥有版权的软件等；或者有意掩盖自身技术中的重大缺陷，而学习盗用对方的知识资产，如商业秘密、技术诀窍及软件等。另一方面，运用科学合理的方法对合作各方的背景知识产权进行价值评估，避免过高估计他人的知识产权或者低估自身的知识产权，从而使自己在合作的成果分配中处于不利地位。

2. 合作研发运行阶段的知识产权共享机制

企业在确定自身知识产权合作中的共享范围时，应当根据合作需要对企业所有的知识产权进行分级保护，如果创新项目可以进行比较明确的任务分解，则企业可以确定较小的共享范围如在部分合作伙伴间共享并仅限项目内使用，反之就要扩大共享范围。企业确定的共享范围过小，则不仅影响合作的效果还会遭到其他企业的反对，难以达成合作契约；而共享范围过大，会造成不必要的核心能力的流失。企业要在这两者之间进行权衡，确定合适的共享范围非常困难。

合作研发运行阶段，应当充分利用保密协议，防止企业的知识产权发生非正常技术扩散，使得知识产权遭遇执行风险；签订竞业限制协议应避免人才的流失导致企业一些商业秘密和技术诀窍，以及存在于员工头脑中的隐性化程度较高的经验性知识等发生流失。

合作研发过程中应当注意防范知识产权侵权风险的发生，通过知识产权情报检索，确定共享知识产权是否侵犯他人权利，被宣告无效或者处于第三方争议纠纷中，因为这些纠纷会使其他合作伙伴面临共同侵权的风险，不仅会遭到巨额索赔，而且也使商业形象受到损害，同时由于无法使用该项知识产权，合作研发可能失败。此外，跨地区、跨国界的技术合作研发越来越普遍，应当充分了解各国、各地区知识产权法律制度与知识产权的保护程度，避免知识产权纠纷解决过程中由于法律保护的差异，导致知识产权的丧失。

3. 合作研发成果完成阶段的知识产权权属

在合作研发具有阶段性成果之后，必须考虑采用何种方式对其进行保护，采用法律机制进行保护，如专利，能使合作成员在一定时期内对该项技术拥有垄断权，但法律机制要求技术内容的公开，因而很容易被其他企业所模仿；采用商业秘密的方式可以使技术内容无限期保密，不容易被其他企业获知和模仿，但秘密一旦被泄露其价值将不复存在，同时合作成员也不能阻止其他企业在该技术上的研发，因此必须综合考虑研发成果的技术特性、市场状况，以及法律环境对这两种方式的利弊进行权衡，一旦选择失当，就会对合作成员基于合作成果的当前或长期收益造成损害。

科技成果完成单位与其他单位合作进行科技成果转化的，应当依法由合同约定该科技成果有关权益的归属，同时企业或者学校与该项知识产权的完成人之间也应当通过合同约定其归属。合同未约定的或者约定不清的，按照下列原则办理：一是在合作转化中无新的发明创造的，该科技成果的权益，归该科技成果完成单位；二是在合作转化中产生新的发明创造的，该新发明创造的权益归合作各方共有；三是对合作转化中产生的科技成果，各方都有实施该项科技成果的权利，转让该科技成果应经合作各方同意。

由于共有专利权的约定使某一共有人的不当行为可能会对其他共有人产生影响甚至造成损失，从而在专利实施许可、专利转让、专利维持、专利保护等方面均存在诸多不确定的风险，如对于共有专利权的转让，我国采取协商一致的原则，即未经其他共有人的同意不得转让。但是，实践中难免出现因多个共有人对其专利技术的价值判定产生分歧而难以就转让费达成一致，最终影响转让的情形，甚至存在个别共有人为自身利益而故意阻碍转让的情况。因此在合同约定过程中，应当尽量避免专利权的共有。

（五）后续创新中的权属问题

1. 权利归属

作为与原始创新相对应的后续开发，是以现有技术或产品为基础，所进行的优化、组合、改进、完善，以及开发相关配套技术或产品等活动的创新方式，一方面可以形成新的专利、技术秘密、著作权（主要是指软件著作权）等知识产权；另一方面也可能存在侵犯他人已有知识产权的风险。如果是产生新的知识产权也可以依前述法定原则和约定原则确定其归属，但是后续开发中的知识产权侵权风险则另当别论。因此，有必要明确在后续开发的创新活动中的知识产权权属，以避免侵权风险的发生。科技成果完成单位、科技成果转化实施单位和科技成果转化投资单位，就科技成果的后续试验、开发、应用和生产经营进行合作，应当签订合同，约定各方享有的权利和承担的风险。

2. 侵权风险对策

第一，避免侵权的发生要判断后续开发的基础技术是否为有效专利。如果该基础技术属于从未取得专利保护的自由公知技术，或者是曾经取得专利保护，但因为未缴纳专利年费、超过保护期限等原因，已经进入公有领域的技术，那么使用该基础技术就不存在专利侵权风险。但是，如果是有效专利，那么就得采用其他对策以规避侵权风险。

第二，尽可能"回避设计"。回避设计是一种常见的专利被动规避策略，即研究他人的某项专利，然后通过设计一种不同于受知识产权保护的新方案，来规避他人的专利权。知识产权本身并不能回避，这里所称的"回避"是指技术人员以采用不同于受知识产权保护的技术方案的新设计，避开他人某项具体知识产权的保护范围。回避设计的确是企业知识产权策略中避免侵权发生的重要措施，同时也可能是代价最小的一条竞争捷径。通过回避设计可能取得专利权，从而获得与技术领先者进行交叉许可谈判的基础，或者选择与他人结成知识产权策略同盟的方式以较低成本获得亟须的关键核心技术。

第三，技术合作与转让也是避免侵权发生的重要途径。如果后续开发的基础技术的确存在专利权，而回避设计难以成功或者成本较高，则可以考虑与背景专利权人联合进行后续开发，整合各自的优势资源与技术力量，取长补短，共同解决基础技术存在的缺陷，或者提升基础技术的功效。但是以联合开发的方式进行后续研发，合作各方往往约定对其后续研发成果共同分享，都不能独专其利。如果已经出现侵权的现实风险，还可以通过购买背景专利，受让其专利所有权，而背景专利权人通常倾向于只向后续开发者发放许可证，以获得经济回报。同时还可以保有自身专利所有权，以压制后续开发者的商业竞争。有时，后续开发的技术，对于背景专利者也具有相当的价值。那么，后续开发者可以与背景专利权人进行交叉许可谈判，从而通过技术合作解决可能发生的专利侵权争议。

第四，依据《中华人民共和国专利法》（2020年）的规定，可以请求对背景专利实施强制许可。一项取得专利权的发明或者实用新型比之前已经取得专利权的发明或者实用新型具有显著经济意义的重大技术进步，其实施有赖于前一项发明或者实用新型的实施的，国务院专利行政部门根据后一专利权人的申请，可以给予实施前一发明或者实用新型的强制许可。在依照前述规定给予实施强制许可的情形下，国务院专利行政部门根据前一专利权人的申请，也可以给予实施后一发明或者实用新型的强制许可。

四、技术交易纠纷解决

技术转移是法律性很强的技术交易，其中每个环节都会涉及法律问题，处理不慎容易出现各种纠纷，技术转移出现纠纷时常见的解决途径有：①协商、和解与调解；②仲裁；③行政裁决；④诉讼。在技术转移过程中出现纠纷时，应当迅速、及时地寻求合理合适的途径并运用相关的技巧解决。

（一）协商、和解与调解

协商、和解的特点是没有第三方的介入，而由当事人双方通过友好协商的方式，自行解决彼此之间的争议。调解的特点是借助第三方的力量，特别是仲裁机构和法院的力量来调解双方无法自行协商解决的实质性争议。

技术转移的双方往往有着较大的利益关系，若能通过双方友好协商和解或者调解解决相关纠纷，一方面可节省双方的财力、人力和时间从而创造更大的经济价值；另一方面便于日后保持正常的交往和合作关系更有利于自身事业的长远发展。在自己胜诉的把握不大或者取证困难的情况下，尽量争取协商、和解与调解，是促使争端在短时间内迅速解决的好办法，可避免陷入诉累。

值得注意的是，首先，在协商、和解与调解的过程中对关键证据的收集，掌握了关键证据，则可占据主动地位。其次，要注意时限的把握，不要在协商、和解中放松警惕，拖延时间，超过了仲裁和诉讼的时限要求，会丧失保护的主动权。最后，在诉讼或者仲裁中，若是觉得证据不足或者成本太高也可以进行调解从而降低自己的损失，保证利益最大化。

（二）仲裁

仲裁是解决技术转移纠纷的一种重要方式，如果在技术转移的过程中，双方订立了仲裁条款，或纠纷发生后达成了仲裁协议，当事人可以根据协议向我国任何地方的仲裁委员会提起仲裁而不受地域的限制。同时，与诉讼相比，它时间短、费用低，由专业人士进行裁判，为当事人保密，能较充分体现当事人意思自治原则，可得到国内国际上广泛承认与执行。与协商、调解相比，仲裁依照一定的程序和规则，有更强的操作性，仲裁结果具有终局性和强制执行力。与诉讼相比，双方当事人在仲裁中的对抗性比在诉讼中的要小，对继续保持合作关系有利。

需要注意的是，仲裁实行一裁终局的制度，约定仲裁即排除人民法院管辖，合同当事人一方起诉的，人民法院不予受理。裁决做出后，当事人就同一纠纷再申请仲裁或者向人民法院起诉的，仲裁委员会或者人民法院不予受理。但是裁决被人民法院依法裁定撤销或者不予执行的，当事人就该纠纷可以根据双方重新达成的仲裁协议申请仲裁，也可以向人民法院起诉。

仲裁管辖权来自当事人的协议和法律规定对该协议效力的限制。从立法和实践来看，仲裁机构或仲裁员，以及法院在确定仲裁管辖权时主要考虑下面三个因素：一是当事人之间有无签订有效、可执行的仲裁协议；二是争议事项是否具有可仲裁性；三是提起仲裁的争议事项是否在仲裁机构或仲裁员的受案范围内。而如果一方当事人试图否认仲裁管辖权，理由也主要出在这几方面，使仲裁管辖权足以成立的每一个因素和环节反过来都有可能成为当事人抗辩的理由，即否认仲裁协议的有效性或可执行性、否认争议事项的可仲裁性、否认争议事项属于仲裁机构／仲裁员的受案范围。

（三）行政裁决

在技术转移的过程中，如果出现纠纷，特别是发现对方有侵犯相关技术的行为时，为迅速有效地保护自己的合法权益，可以采取行政处理的方法，当然在转移的过程中要保持足够的警惕性，同时注意相关证据的保留。请求行政保护应当提交的材料有：请求书、侵权证据、营业执照或个人身份证、专利证书及专利授权文本、当年缴纳专利年费收据。

通过行政途径解决技术转移相关纠纷，应当明确相应的行政主体及其职能：

对于专利和专利申请权而言，管理机关是国务院各部委和地方人民政府据专利法的规定，在本部门、本地区设立的管理专利工作的行政部门。依照《中华人民共和国专利法实施细则》规定，管理专利工作的部门根据发明人或者设计人或其单位的请求，对因履行技术开发合同完成的发明创造产生的专利申请权纠纷进行调解，也有权依当事人申请对专利权归属纠纷进行调解。

对于商业秘密而言，根据《工商行政管理机关行政处罚程序规定》和《关于禁止侵犯商业秘密行为的若干规定》，对侵犯商业秘密的行为由县级以上工商行政管理机关认定处理。申请人出具对后果承担责任的保证书，工商行政管理机关可以责令被申请人停止销售使用权利人商业秘密生产的产品。

（四）诉讼

诉讼是解决技术转移纠纷的重要途径，应当比较民事、刑事诉讼的优缺点并根据实际情况做出技术转移纠纷的最佳策略选择。

技术转移过程中的相关诉讼属于民事诉讼，因此其举证责任一般应遵循谁主张谁举证的举证规则，即原告应当对提起诉讼提供有关证据。如专利权人应当提交证明其专利权真实有效的文件，包括专利证书、权利要求书、说明书、专利年费缴纳凭证；利害关系人应当提供能够证明其权属的相关证明文件。需要特别注意的是：提前侵犯实用新型专利权诉讼的原告，应当在起诉时出具由国家专利局做出的检索报告，作为实用新型专利权有效性的初步证据，否则法院不予受理。但是，如果原告控告被告侵犯的专利是一项新产品的制造方法专利，其方法发明专利，则实行举证责任倒置，即由制造同样产品的被控侵权人提供其产品制造方法的证据。

专利侵权纠纷案件的诉讼时效根据《中华人民共和国民法总则》和《中华人民共和国专利法》的相关规定，诉讼时效是两年，自专利权人或者利害关系人得知或者应当得知侵权行为之日起计算。

参考文献

[1] 蒙启红，李恩临. 取予之间：美国对政府资助研发合同的法律规制[J]. 齐齐哈尔大学学报（哲学社会科学版），2016，11.

[2] Risa L. Lieberwitz: Education Law: The Corporatization of Academic Research: Whose Interests Are Serve[J]. Akron Law Review, 2005.

[3] 张寒. 大学知识产权所有权归属模式演进及其对技术转移的影响[J]. 山东科技大学学报（社会科学版），2017，6.

[4] 张贰群. 专利战法八十一计[M]. 北京：知识产权出版社，2005.

[5] 郑成思. 知识产权价值评估中的法律问题[J]. 中国软科学，1998，4.

[6] 肖茂严，万青云. 在高等学校中组建技术转移中心势在必行[J]. 科技进步与对策，2001，9.

[7] 周海源. 职务科技成果转化中的高校义务及其履行研究[J]. 中国科技论坛，2019，4.

[8] 方流芳. 从法律视角看中国事业单位改革——事业单位"法人化"批判[J]. 比较法研究，2007，3.

[9] 薄建国，王嘉毅. 美国公立高校的法人治理结构及其特征[J]. 国家教育行政学院学报，2010，12.

[10] 何炼红，陈吉灿. 中国版"拜杜法案"的失灵与高校知识产权转化的出路[J]. 知识产权，2013，3.

[11] 齐俊妍，刘恩专. 国际技术转让与知识产权保护[M]. 北京：清华大学出版社，2008.

[12] 李显东. 知识产权纠纷法律解决指南[M]. 北京：机械工业出版社，2004.

[13] 程永顺. 专利行政案件的种类及诉讼管辖[J]. 电子知识产权，2003，9.

［14］王冰. 知识产权战略制定与战术执行［M］. 武汉：武汉大学出版社，2007.

［15］朱雪忠，乔永忠，等. 国家资助发明创造专利权归属研究［M］. 北京：法律出版社，2009.

［16］姜丹明. 知识产权法精要与依据指引［M］. 北京：人民出版社，2005.

第二章
技术转让与许可

一、技术转让

（一）技术转让合同

技术转让合同是指当事人双方就现有特定技术权益的转让所订立的明确相互权利义务关系的协议。具体地说，是指以专利申请权转让、专利实施许可转让、技术秘密转让为目的，明确相互权利义务关系的协议。

由于转让技术的权利化程度和性质的不同，技术转让又可分为以下几种类型：①专利申请权转让，指让与方将其发明创造申请专利的权利移交给受让方的技术转让形式。②专利权转让，指专利权人将其发明创造专利权转让受让方，受让方支付相应价款从而获得专利权。③专利实施许可，指专利权人或者授权人作为让与方，许可受让方在约定的范围内实施专利的技术转让形式。④非专利技术转让，指让与方将其拥有的非专利技术成果提供给受让方，明确相互之间非专利技术成果使用权、转让权的技术转让形式。

1. 一般知识产权转让合同中的特有条款

相比于一般的贸易合同，知识产权在贸易转让中还有一些特有的合同条款，这主要包括：

（1）专有性条款

这是任何许可证合同中都必须具备的条款。它的作用是指明有关许可证是独占的还是非独占的，是绝对独占还是相对独占的，是全部独占的还是部分独占的，是"独占"的还是"独家"的，是权利人所发放的还是被许可人所发放的（亦即从属许可证）等。这种条款中一般还要规定被许可方在哪些方面（制造方面还是销售方面，出版方面还是翻译方面等）享有有关知识产权的专用权，要规定被许可人对于侵权行为有无起诉权等。

（2）地域限制条款

这里讲的"地域"并不是指知识产权本身的地域性。专利仅仅在批准它的国度内有效，这是法定原则，无须以合同条款来限制，这里指的地域限制是：受让人或被许可人有权按有关知识产权许可证中的技术去从事制造或销售，或出版、发行等活动的地区范围，这包括本国的不同地区或跨国的不同地区。

商标许可证中一般没有地域限制条款，因为这种条款是不必要的。在一国获得了注册的商标，肯定有权在该国地域行使；在跨国销售专利产品时，也必须在有关国家获得商标注册或获得已注册商标的许可证，如果专利权人并未获得某外国的商标，却允许了许可人在该国销售专利产品，该被许可人就必须自己去获得商标注册，才能保障自己的销售活动。但在美国、英国等一些通过使用可以获得商标权的国家，通过使用获得了权利而在许可他人使用时并未注册的商标，必须把地域限制条款写明确。

（3）合同期分割条款

如果一项知识产权转让合同中包括专利（一般技术）、版权（如计算机程序或书面资料）、Know-How（秘密技术）、商标等多种转让内容，就会出现保护期不一致的问题。商标与版权比较好办，它们的保护期一般不会在合同有效期内结束。但专利的保护期往往在 15～20 年，如果专利权人在获得专利很久之后才发了某个许可证，那就可能在合同执行中专利就到期了。Know-How 的保护期以保密的长短来定，它可能延续到合同结束，也可能在合同执行不久就进入了公有领域。这样，在多种知识产权同时许可或转让的情况下，就有必要事先明确：当某种产权过期，其他产权仍有效时，怎样履行合同。做出这种规定的条款，实际等于把整个合同的履行分为不同时期。在被转让内容均系有效产权时，支付较高的使用费；在部分产权失效后，支付较低的使用费。如果这类合同缺少这种条款，就可能在某项权利失效后，被许可人仍付原先的使用费，也可能由于一项权利失效而导致被许可人完全拒付使用费，导致合同中这两种后果都会使一方受到不必要的损失。

（4）保密条款

除商标之外的其他知识产权转让合同中，都可能有保密问题。有时不一定是对产权内容的保密，也可能是产品产量、经销状况等的保密。在含有 Know-How、商业秘密、计算机程序（尚未公开的）等项目的转让中，保密问题尤其突出。有时合同中规定了一方有权查看另一方的产销账目及库存情况等，则另一方也会要求他对所了解到的情况保密。大多数版权转让合同的版税额都在保密项目之列，这样保密条款就包含两方面的内容：一是对技术本身保密，这仅仅是被许可方或受让方的责任；二是对经营状况保密，这是合同双方的责任。在有些合同中，保密条款的效力可以延长到合同本身结束之后若干年，目的是防止在合同中止或履行完毕之后，受让人或被许可人把仍处于保密状态的技术予以公开。合同完结，合同中的某个条款却仍旧有效，一方仍可以依据它对另一方起诉和要求赔偿，这种特殊情况是许多国家的司法实践所承认的。

（5）专有权的有效性担保条款

受让人或被许可人很自然地会关心权利人的专有权是否有效，因此会要求他做出某种担保。不过，担保条款必须对不同的知识产权做出分别的陈述，因为它们的可担保程度有很大差别。

对于转让中的专利来讲，有效性"担保条款"在大多数合同中应称为"不担保条款"。在多数工业发达国家大公司的技术转让格式合同中，都有这样一条："供方对所提供的技术专利的有效性不予担保。"这主要有两点原因。第一，专利权的确立和保持，要求具有新颖性，许多国家要求的都是世界范围的新颖性；已经取得的专利权，有可能由于日后发现了在专利审查时已存在、但被疏忽了的"原有技术"，从而被宣布"自始无效"。专利权人不知道日后会不会发生这种情况，所以要其担保是不合理的。世界上每年出现的专利申请案（即能构成"现有技术"的内容之一）就以百万计，连专利审查机关也无从担保它所批准的专利不会被日后发现的"原有技术"（即审查时的"现有技术"）所推翻，何况专利权人。第二，专利权的确立还要求"工业实用性"，这个标准在不同国家的差异很大，即使在同一个国家，对于不同类型的发明，标准也不一样。专利权人很难保证在日后的"无效诉讼"中，第三方不会拿出证据证明其专利缺乏"工业实用性"。不过，受让人起码可以要求专利权人保证以下三点：①有关的专利是属于他自己的，他并未冒充别人的专利号，也未谎称其专利确实经专利局所批准。②该专利在其本国范围具有新颖性。③在其申请专利之前，自己并未公开使用过该发明，也未以任何方式公布过——即保证不会由于自己的行为否定了专利的有效性。

在技术贸易中，也确实存在少量的、由供方担保了专利权有效性的许可证合同。不过这种合同的使用费就要高得多了。因为供方承担了他的专利日后可能被宣布无效的风险（有担保条款而被宣布无效，被许可人有权追回全部已付的使用费）。而在一般的"不担保合同"中，风险是由被许可人承担的。

（6）质量控制条款

一个企业的专利及 Know-How 提供给另一个企业使用时，往往会连同商标的使用权一并许可给后者。后者能否保证产品质量，对于许可一方的信誉影响很大。不仅如此，如果被许可人降低了产品的质量，就等于在市场上许可人的质高产品与被许可人的质次产品使用着完全相同的商标，这就必然产生欺骗性后果。在许多国家，欺骗性后果可能导致商标被取消注册，许可一方都会要求在许可证合同中规定一些质量控制措施。例如，被许可一方必须严格按技术说明与技术指导操作，某些关键性原材料、零部件必须从许可一方进口，定期向许可一方交送产品标本以备质量检查等。被许可一方也可以从保证质量角度，要求许可一方承担某些义务，如提供足以保持产品质量的技术情报与技术指导人员等。同时，被许可方也可以尽量把对方的要求限制在合理范围，如只进口那些从技术角度看非进口不可的原材料。

（7）权利收回条款

知识产权与一般货物的一个突出不同就是：一般货物出售后是不能收回的；而技术转让、商标转让或版权转让合同，则在规定合同期届满后转让人将收回其转让或许可出去的权利。例如版权的收回方式为原出版商不再有权继续出版，作者则有权另找出版社。商标权的收回也比较简单，收回后原被许可人再使用就将以假冒商标论处。不太好办的是技术转让后的权利收回，这包括撤回有关技术指导人员、收回有关技术资料、图纸、计算机程序等。但如果在收回之前，对方已经复制了有关资料，岂不是实际上收不回了吗？这里无非存在三种情况：①复制专利技术资料。这不成为一个问题，因为专利说明书本身是公开的。收回权利后，即不许再公开将它付诸工业、商业使用。②复制计算机程序。加进了"保密程序"的计算机程序是无法复制的；未加保密程序就暗示许可人原来就没打算收回对它的使用权。③复制Know-How资料。这是唯一难以控制的。而且，无论被许可一方是否复制了这种资料，该方的技术人员也可能在合同期内全部或大部分掌握了Know-How技术，而在人脑中的资料是无法收回的。因此，许可方只有两种选择：一是在订合同时就声明不收回Know-How，并因此提高使用费；二是靠前面讲过的保密条款，事先规定合同期满后被许可一方若继续使用 Know-How，应受到怎样的制裁。但如果合同期并不是短暂的，被许可人则可以坚持认为 Know-How 在合同期满前必然不再是秘密的，因此既反对提高使用费，也反对订立合同过期后仍有效的保密条款。

2. 专利申请权转让合同

专利申请权是发明人或设计人对其专利技术享有的一定专属权利，发明人或设计人在就其发明创造申请专利前，可以通过订立专利申请权转让合同，将其申请专利的权利转让给受让人并收取一定的价金。

专利申请权转让合同，是指让与人将特定的发明创造申请专利的权利移交给受让人，受让人支付约定价款所订立的合同。

在协商、约定后审查专利权转让申请合同时，双方当事人应当注意以下问题：①技术出让方应确保该技术在专利申请前已做好严格的保密工作，同时该技术在发明创造的每个阶段都应做好各种原始记录，包括图纸、照片、测试数据、研制时间等书面证明和研制人员的研制意见，以保全证据，防止丢失，最好能请公证部门进行公证。②技术出让方在接受转让前，应进行一次国内的专利新颖性检索，增加审批和不被无效的把握性。同时，请有经验的专利代理人撰写高质量的专利申请，从而获得一个高质量的专利权，使他人无懈可击。③专利受让人应对申请人资格，发明人或设计人资格进行严格审查。例如，有委托、合作开发协议的应依照协议或补签协议；无论是个人申请还是单位申请均应依据相关协议和规定；转让的专利申请权如果归属全民所有制单位，是否得到上级的批准，批准的文件是否列入合同的其他文件备查；转让的专利申请权的受让人是外国人时，该专利申请权是否得到国务院批准，其批准文件是否列入合同的其他文件备查；明确署名权属，防止日后发生纠纷，陷入诉讼，影响专利审批和实施。

专利申请权转让合同必须采用书面形式，经过国家知识产权局专利局登记和公告后才能生效。专利申请权转让合同的主要条款是：合同名称、发明创造名称、发明创造种类、发明人或设计人、技术情报和资料清单、专利申请被驳回的责任、价款及其支付方式、违约金、损失赔偿额的计算方法、争议的解决办法等。

在转让专利申请权时，转让方应向受让方交付以下资料：①向中国专利局递交的全部专利申请文件，包括说明书、权利要求书、附图、摘要及摘要附图、请求书、意见陈述书和著录事项变更、权利丧失后恢复权利的审批决定、代理委托书等。②中国专利局发给转让方的所有文件，包括受理通知书、中间文件、授权决定等。③转让方已许可他人实施的专利申请实施许可合同书，包括合同书附件。④中国专利局出具的专利申请权有效的证明文件：指最近一次专利申请维持费缴费凭证（或专利局的专利法律状况登记簿）。⑤上级主管部门或国务院有关主管部门的批准转让文件。

3. 专利权转让合同

专利权转让合同，是指专利权人作为让与人将其发明创造专利的所有权移交于受让人，受让人支付约定价款所订立的合同。

专利权转让合同的让与人，必须是拥有或者持有专利权的自然人、法人或者其他组织，即专利权人。对共有专利权，未经其他共有人同意，任何共有人无权转让共有的专利权，只能转让其共有的份额。全民所有制单位转让专利权的，必须经上级主管机关批准；中国单位或者个人向外国人转让专利权，必须经国务院有关主管部门批准。任何自然人、法人或者其他组织都可以作为专利权转让合同的受让人，支付约定的价款后取得专利权，成为新的专利权人，让与人不再对该专利享有所有权。

专利权转让合同必须采用书面形式，经国家知识产权局专利局登记和公告后才能生效。专利权转让合同一般应包含以下条款：①项目名称应载明某项发明、实用新型或外观设计专利权转让合同。②发明创造的名称和内容,应当用简洁明了的专业术语,准确、概括地表达发明创造的名称,所属的专业技术领域,现有技术的状况和本发明创造的实质性特征。③专利申请日、专利号、申请号和专利权的有效期限。④专利实施和实施许可情况。有些专利权转让合同是在转让方或与第三方订立了专利实施许可合同之后订立的,这种情况应载明转让方是否继续实施或已订立的专利,实施许可合同的权利义务如何转移等。⑤技术情报资料清单至少应包括发明说明书、附图和技术领域一般专业技术人员能够实施发明创造所必需的其他技术资料。⑥价款及支付方式。⑦违约金或损失赔偿额的计算方法。⑧争议的解决办法。当事人愿意在发生争议时,将其提交双方信任的仲裁机构仲裁的应在合同中明确仲裁机构。明确所共同接受的技术合同仲裁,该条款具有排除司法管辖的效力。

由于专利权的转让会导致专利权的主体发生变更,所以在签订专利权转让合同时应特别注意以下问题:

1)所有权问题。应先通过法律状况检索,以证实是有效专利以及转让方持有专利权的合法性和转让的合法性。

2)专利的历史问题。应先了解该专利以前是否与他人签过许可实施合同,以及专利权人自行是否实施过,并要明确这些问题的法律责任及解决方法。

3)检查必备的法律文件。专利权转让的双方均须提供证实其身份的法律文件,向国外转让的另须提交国家专利管理机关的批准文件。

4)必须采用国家专利管理机关监制的合同文本或其他符合专利法及有关法律规定的能规范专利权转让的合同文本。

5)受让方需明确专利权被宣告无效的理由及法律后果。在专利权的有效期内,任何单位或者个人认为专利权的授予不符合《中华人民共和国专利法》的有关规定,都可请求专利局复审委员会宣告专利权无效。专利权被宣告无效,专利权人被认为自始不存在。因此,可以认为专利权转让合同的转让方无权订立专利权转让合同。在订立合同时，受让方应要求转让方就其专利权做出适当的保证，即保证其有权就该专利权进行转让，并约定其承担因专利侵害他人合法权益而被宣告无效的责任。

4. 专利实施许可合同

专利实施许可合同的类型参见本章第二部分"技术许可"，专利实施许可合同范本参见本章第四部分"合同范本"。

5. 技术秘密转让合同

技术秘密是指能为权利人带来利益、权利人已采取严格的保密措施、不为公众所知悉的技术信息，包括设计、程序、配方、工艺、方法、诀窍和其他形式的技术信息。

技术秘密和专利技术虽然都属于人类智力劳动的成果，但两者在法律上却存在很大的差别，主要表现为：①公开的程度不同：专利技术是公开的，但技术秘密则是保密的，只为少数人所掌握。②有效期限不同：专利技术有一定的保护期限，有效期限届满专利权就自行终止；技术秘密则没有保护期限，只要不丧失秘密性，其可转让的期限在理论上就是无限的。③取得法律保护的程度和方法不同：专利权属于工业产权，受国家有关专利的法律保护；技术秘密不受国家有关专利的法律保护。

技术秘密转让合同，是指转让方将其拥有的技术秘密转让给受让方，明确相互之间技术秘密使用权、转让权，受让方支付使用费所订立的合同。在签订技术秘密转让合同前，双方应注意以下事项以降低风险：①技术受让方应当对"三性"（价值性、管理性、秘密性）进行审查，在确保其有价值性的前提下，特别应当对其管理性和秘密性进行审查。知晓出让方是否采取了合理的保密措施，包括物理性的保密措施（如厂区或生产区域的保密措施、对原材料的保密措施等）和对人员的保密措施（如与内部员工之间是否签订竞业限制协议等），并让其提供采取合理保密措施的相应证明。②技术受让方应当注意不受法律保护的商业秘密，对被转让的商业秘密的合法性和正当性做出判断，在确定其合法和正当的前提下再接受转让。③技术受让方要了解商业秘密权人生产的产品是否已经在市场流通，若在转移前商业秘密权人已经出售了相关产品，则要注意该秘密被反向工程的可能性，并在转让合同中对可能出现的风险做出规定。④技术出让方对于国家秘密技术在国内的转让，应当经技术完成单位的上级主管部门批准，并在合同中明确该项技术的密级、保密期限和受让方承担的保密义务。

技术秘密转让合同的主要条款包括：①项目名称。②非专利技术的内容、要求和工业化开发程度，具体应包括转让的非专利技术秘密的项目名称，转让的非专利技术秘密所涉及的技术领域、行业，转让的非专利技术秘密所具备的技术性能、达到的技术指标，转让的非专利技术秘密的成熟度、使用程度、经济效益、预计年产量、预计年产值、设备的生产能力等。③技术情报和资料及其交付期限，即转让合同中应明确该转让的技术秘密应提供哪些技术情报、技术资料，不能用"等等"表示；转让合同中应明确提供技术情报、技术资料的具体时间，是一次性还是分阶段性提供，以及每次提供的具体内容和份数；转让合同中应明确提供的技术情报、技术资料以何种方式，在什么具体地点提供给受让方。④技术秘密的范围和保密期限。⑤使用非专利技术的范围。⑥验收标准和方法。⑦使用费用及支付方式。⑧违约金或损失赔偿额的计算方法。⑨技术指导的内容。

在技术秘密转让合同中约定保密义务，对于保护当事人保持技术和市场竞争的优势是十分重要的，从某种意义上讲，保密义务是技术秘密转让合同的基础，一旦技术被公开，合同也即告终止。因此，技术秘密转让合同的转让方和受让方都应当遵守保密义务。在合同中订立保密条款时，应当明确约定以下几个问题：①技术秘密转让合同的形式：技术秘密转让合同可以分为三类，第一类为受让方承担保密义务，转让方可以向他方转让标的技术，但不得使技术公开为社会公知；第二类为双方承担保密义务，转让方不得向他方转让或提供标的技术；第三类为双方承担保密义务，转让方不得向他方转让或提供标的技术，并且自己也不得实施标的技术。②保密的范围和期限：保密的范围和期限可以由当事人约定。一般来说，保密义务的时间应当从订立合同谈判时开始，当事人在订立合同以前，必须就技术内容、实施方式、技术情况和资料进行交流。为此，当事人可以首先订立一个保密协议，约定受让方对所涉及的全部技术内容承担保密义务，以便转让方在合同不能达成一致的情况下保持对技术秘密的占用。在保密协议或技术秘密转让合同的保密条款中，双方可以就各自承担保密义务的期限做出约定，如未作期限约定，保密义务持续到该技术被他人公开为止。③违反保密义务的责任：技术秘密转让合同的当事人违反合同约定的保密义务，既是违反合同的行为，又是侵害另一方技术秘密使用权和转让权的侵权行为。因此，违反保密义务的合同当事人应按约定向另一方支付违约金或赔偿另一方由此而造成的损失。

《技术秘密转让合同》范本参见本章第四部分"合同范本"。

案例精选

"掉渣儿烧饼"的失败

从 2005 年末开始，"掉渣烧饼""土家掉渣烧饼""掉渣王烧饼"等土家烧饼店在京城火了起来，似乎一夜之间，经营这种土家传统食品的小店出现在了京城的各繁华街头。这些烧饼店虽然名称各有不同，但是在店面的装修、产品的包装，以及经营形式上如出一辙：清一色的青竹装饰的门店，歪歪斜斜的招牌字写在倒扣的筛底里；圆圆的烧饼，方方的袋子；现做现烤现卖。这些店面所卖的，无一例外的都是一种东西——土家烧饼。

"土家烧饼"是土家族人所吃的一种传统食品，传统的做法应是用火烤，但是为了适应在现代都市进行制作和销售，掉渣儿烧饼的创始人女大学生晏琳将土家烧饼的制作工艺进行了改进，使用了烤箱等现代工艺技术，随后在武汉开办了第一家烧饼专卖店。在开店的时候，晏琳对于店面的装饰和产品的包装都做了精心的策划：用竹子进行典雅别致的装修是为了使店面与众不同，牛皮纸袋是为了环保和怀旧，"掉渣"的名字是为了朗朗上口。从门店到烧饼名之所以做得很土，归因于"大土即大雅"的理念，由于经营的小吃有特色，再加上别具一格的装修，晏琳的店很好地迎合了大都市消费者"猎奇"的心理。因此，这家店自开办以来，生意非常红火。很多人看到这种生意有利可图，便找到晏琳，要求加盟连锁，最鼎盛时期，晏琳的掉渣儿烧饼已经有了39家连锁店。

可是，我们所看到的远不止这个数字，仿佛一夜之间，掉渣儿烧饼的店面席卷了全国，在北京、上海、杭州、武汉、成都、深圳等各大城市，掉渣儿烧饼店以成百上千的数目冲击着消费者们，几乎所有的烧饼店都毫无例外地宣称自己就是正宗的土家风味烧饼。这种现象，应该是晏琳在开店之初所无法预料的。晏琳之前所做的一切，不过是为了开家品牌烧饼店，将技术革新后的土家族烧饼作为一个特色品牌推广开来，赚的其实就是特色钱。

商场如战场。社会市场竞争体系已从传统的价格战、质量战、服务战转向品牌战、法律战。晏琳的掉渣儿烧饼之所以被各地商家傍名和跟风，在很大程度上是因为缺乏法律的保护。品牌营销是一场看不见硝烟的现代战争，企业要想赢得这一场战争，光靠优良的品质是不够的，必须建立起过硬的牌子，赢得消费者的信任和对企业及产品的好感。要想保住品牌而不致受人侵害，最根本的就是寻求法律保护，通常手段有申请商标注册、专利、技术保密等。

慨叹之余，我们也应该深刻而清醒地认识到造成掉渣儿烧饼泛滥的根由：一是掉渣儿烧饼开办至今，晏琳仍未取得"掉渣儿"商标的专有使用权。因此，其不能禁止其他竞争者在店面上使用与该商标相同或者相近的商标。二是在掉渣儿烧饼的配方专利被授予之前，经营者不应该将自己的配方告诉加盟商。事实上，配方是经营者手中技术含量最高的东西，失去了配方，就失去了制约竞争对手的最有力武器。技术秘密一经公开，就失去了法律上的保护，即使和加盟商签署保密协议可以在事后追究加盟商的泄密责任，但是二者之间的合同并没有约束第三人的效力，更何况在加盟店众多的情况下，对于某一加盟商泄密这一事实的举证何其困难！

对比风靡全世界的肯德基和麦当劳，聪明的经营者在经营之初并不是急于将自己的产品面市，而是首先在目标国家或地区进行专利和商标的申请注册。这样一来，就使后来者没有任何可乘之机。这些成功的知识产权营销策略，值得每一个经营者认真借鉴。

（二）转让费

1. 技术转让费的组成

技术转让费是购买或使用专有技术而支付的费用。技术转让费的组成包括以下两个方面：

第一，在技术贸易合同谈判和执行过程中的实际花费。其中包括技术转让方派遣谈判人员进行技术转让合同谈判的差旅费；作报价及准备报价资料的费用；执行合同人员的差旅费；转让技术所必需的技术文件、图纸资料、技术规程等的编制和复制的花费；根据受让方提出的特殊要求而专门进行设计和实验研究的花费；接受受让方技术人员进行技术考察和技术培训的费用，以及其他的实际花费和机动费用等，这些费用是技术转让过程中的成本部分。

第二，转让方的提成收入。技术转让方的这部分收入是以双方分享额外利润为基础而计算出的部分，即从额外利润中的提成。这部分收入基本上是转让方获取的纯利润。以产品销售额为基础进行计算时可按照公式：$F=Q \times Pn \times Y \times R$，其中：

F：技术转让方向受让方收取的费用，即提成费。

Q：受让方每年生产产品的数量，并默认所生产的产品全部被销售。提成有按件提成和按量提成两种。按件提成是计算每年生产产品的台量，单位是台/年或件/年；按量提成的单位是吨/年。

Pn：产品的净销售价，即从总销售价中扣减掉特定的扣除费用，如包装费、税费、保险费、运输费、实际允许的批发折扣和配套零部件等的费用，单位为元/吨或元/件或元/台。

Y：提成的年限。

R：技术转让方从净销售额中分得收益的百分比，称为提成费率或提成率。根据国际贸易组织的统计分析，技术转让方能从额外利润中分得的部分为全部额外利润的10%～30%，这个百分比数额折合成以净销售额为计算基础时为0.5%～10%。

2. 技术转让费的支付方式

（1）买断方式

买断方式是在合同中一次性算清应当支付的买断费用数额。其费用可以一次性付清，也可以分期支付。这种做法卖方所承担的风险较小，而买方则需承担较大的风险。以专利权转让为例，专利买方在使用专利技术前就已经支付了专利费，如果项目投产后由于种种原因没有达到预期的效益目标，造成的损失就全部由专利买方承担。对专利卖方而言，通过一次性的交易，卖方可以较快地收回投资，而且可以少担风险，但买方通过买断专利也可以独享收益。

（2）收益分享方式

收益分享方式是按照转让专利或技术秘密每年所获得的经济利益来确定专利费数额，每年付费，又包含三种形式：一是按产品产量提成，这种方法不看成本和销售情况，只按生产出的产品计算，规定每一单位产量付费多少；二是按销售额提成；三是按利润提成，即按专利买方实施专利技术后获得的净利润计算。按照这种方法，买方发生亏损或生产该项产品没有利润，就可以不支付费用，这对买方比较有利。对卖方来讲，如果在合同中不规定一个计算和核查买方利润的具体方法，就很难兑现其转让收益。

（3）收益分享和买断相结合的方式

在合同生效后，先支付一笔约定的金额（入门费）作为卖方转让技术的一种报酬，以后再逐年按提成率支付使用费给卖方，这种方式由双方共同分担风险。

二、技术许可

（一）许可程序

这里以专利技术为例，介绍专利许可的一般程序。

1. 当事人的选择

许可方对被许可方的选择：一是确认被许可方的法人资格和经营范围。如果被许可方缺乏进行许可贸易的主体资格，不具有按照自己的意志和条件从事许可贸易的能力，就不能成为贸易伙伴。二是评估被许可方的实施条件和资信状况。实施条件，是指被许可方具有与使用专利技术相适应的生产工艺、原材料、厂房设备、必要的生产操作技术人员以及有效的经营动作机制和销售市场网。资信状况，是指被许可方的实施诚意和履约信誉。

被许可方对许可方的选择：要求许可方保证自己是所许可专利技术的真正所有权人或持有人；分析许可方所提供的专利有效性的强度、技术本身的价值，以及市场大小和长远的需求；明确许可方为实施专利技术所提供的技术协助、服务和其他方面的范围；调查许可方的技术实力、经营作风和商业习惯。

2. 机会研究

机会研究指探求所设想的专利项目实施的机会是否存在。

机会研究可以分为两大类。一类是"一般性的机会研究"，通常是指或立足于地区、或立足于行业、或立足于资源优势而作的探求发展机会的研究。另一类是"特定项目的机会研究"，通常是从尽可能多的"一般性的机会研究"的信息如规划、统计、研究报告等来鉴别某个项目意图，并把意图转化为值得进一步分析研究的各个因素。一个项目的意图，也许是想改进、发展或开拓某种专利产品的生产与销售，那么就应该通过对规划、统计、研究报告等所提供的信息分析来验证和修订原来的项目意图。机会研究就其实质来说是探求机会，即经过研究验证拟实施项目的机会是否存在。机会如果存在，就可以考虑进入可行性研究。

3. 可行性研究

可行性研究是对项目的所有内容进行个别的和综合的深入调查、分析和研究，提出具体的且是可行的项目实施方案。可行性研究一般包括以下内容：①概述与结论。②项目背景与历史。③市场与项目规模，包括需求与市场分析、产品及销售预测、生产规划、生产规模。④原材料与投入，包括原材料、辅助材料、动力（公用系统）等投入的分析与供应规划。⑤地点与场址，包括地点与场址选择及环境影响的分析。⑥工程，包括技术、设备选择的分析和土建工程的配合，工程规划。⑦项目组织与管理费用。⑧劳动力，包括工人与职员。⑨项目实施进度。⑩财务与经济的分析评价。

4. 评价与决策

所谓评价与决策，就是把拟议中的项目放在经济与社会的整体内加以分析，研究项目对经济、社会的作用、贡献与影响，然后做出实施或放弃项目的决策。

5. 谈判与签订合同

谈判是签订合同的前提，签订合同是谈判的结果。谈判过程是双方努力寻求对方都能接受的妥协点的过程。在谈判前要拟定谈判方案，确定总体目标、具体策略、可能发生的分歧和解决的办法；对在哪些条款上寸步不让、哪些条款可以做交换等，都应做到心中有数。在谈判时，要充分运用好各种资料数据，采用灵活的谈判技巧，争取更多的利益。在起草合同条款时，要求做到文字简洁、结构严谨、内容完整、责任分明，引用法律条款准确。正式签字前，要反复对合同文本进行审核，确保万无一失。

6. 合同审批与备案

一般专利许可合同，当事人签字即可生效，但按照《中华人民共和国专利法实施细则》规定，应报专利局备案，涉外的专利许可合同，则应按照法规，分别报有关部门审批。

7. 合同的执行

合同经过审批、生效后，执行合同的各项具体事务就由当事人双方进行。由于不同合同的标的不同以及其他差异等，合同的执行并无固定模式，基本原则是双方都应自觉履行自己在合同上所承诺的义务。

（二）许可类型

2012年3月27日，某媒体刊登一则新闻，×××公司的发明专利"一种加压生产熔融硝酸盐的工艺方法"获专利许可费3400万元。该新闻中没有记载该专利的许可方式，使该专利的实际许可获利不得而知，而事实上，专利许可类似于专利权出租，其"租赁"方式分多种：

1. 独占许可

独占许可是指许可方授予被许可方在许可合同规定的期限、地区或领域内，对所许可的专利技术具有独占性实施权。许可方不再将专利技术的同一实施内容许可给第三方，许可方本人也不能在上述的期限、地区或领域内实施该项专利技术。独占许可合同实际上就是许可方和被许可方划分某项技术在市场上的势力范围的协议。

当许可方许可被许可方获得独占许可时，许可方向被许可方索取的特许权使用费要比普遍许可合同的使用费高得多。根据国际许可证贸易工作协会公布的资料，独占许可合同的特许权使用费一般要比普通许可合同高66%～100%。目前，独占许可合同的形式在日本、美国和西欧地区使用较为普遍。

独占许可类似房屋租赁中的整租，即专利权许可给被许可方使用后，只能被许可方一方独自使用，其他任何人包括专利权人自己也不能使用该专利记载的技术。相当于房屋出租后，连房主也不能住一样。

2. 排他许可

在排他许可（独家许可）中，被许可方在合同规定的地域范围、期限或方式内享有使用许可方的专利技术以制造、销售产品的权利。许可方不得在已经许可被许可方实施专利的范围内，就同一专利与第三方订立专利实施许可合同。但是，许可方保留了自己在该范围内实施该项专利的权利。因此，排他许可合同是许可方和被许可方分享专利实施权的协议。

排他许可合同与独占许可合同的区别在于：在合同规定的有效期限与地域内，排他许可合同的被许可方有权排除许可方之外的任何人使用被许可技术，但许可方实施该项技术的权利不在排除之列。

排他许可类似双方合租：除被许可方和专利权人以外的任何人不可以使用该专利记载的技术。相当于房屋出租给一个房客，该房客与房东合租，且约定不能租给第三方。

3. 普通许可

普通许可又称为非独占许可，是指许可方授予被许可方在许可合同所规定的期限、地区或工业领域内制造、使用或销售已许可的专利技术，同时，许可方（专利权人）不仅保留在上述同一范围内自己实施该项许可专利的权利，而且还保留再授予第三方在上述同一范围或不同范围内实施该项许可专利的权利。

一般来说，许可合同中没有特别指明是独占许可、排他许可或其他特殊的性质，就说明此合同属于普通许可合同。普通许可合同由于许可方保留了较多的权利，因此其使用费也比独占许可合同和排他许可合同要低。

普通许可类似多人合租：专利权人自己可以使用该专利技术，同时可以将该专利技术许可给多个用户。相当于房主可以将房子租给多个房客，自己也可以与房客合租。

案例精选

2015年5月25日人民网报道，湖北华烁科技公司将其拥有的5项催化剂专利打包许可给河北一家化工企业使用，对方支付了

5000万元人民币，该交易刷新了武汉技术交易最高金额的纪录。之后，湖北华烁科技公司又与另外两家公司签订了该项目专利许可合同，加上与河北化工企业的合作，该项目专利实施许可合同总金额已达到1.5亿元。湖北华烁科技公司将专利权许可给多家公司使用，就属于普通许可的范畴。

4. 交叉许可

交叉许可是指交易各方将各自拥有的专利、专有技术的使用权相互许可使用，互为技术供方和受方。在合同期限和地域内，合同双方对对方的许可权利享有使用权、产品生产和销售权。各方的许可权利可以是独占的，也可以是非独占的。双方权利对等，一般无须支付使用费。交叉许可一般在特定条件下采用，如在合作生产、合作设计、共同研究开发等项目中通常会采用交叉许可合同，在其中体现更多的是双方的合作关系，而不是单纯的买卖关系。

交叉许可类似于换房住：专利权双方将自己的专利许可给对方使用，一般情况是相互免费。相当于两个房主，a住b的房子，同时将自己的房子给b居住。

5. 分售许可

分售许可是指许可方同意在合同上明文规定被许可方在规定的时间和地区实施其专利的同时，被许可方还可以自己的名义，再许可第三方使用该专利。被许可人与第三人之间的实施许可就是分售许可。

分售许可应当注意下列事项：①判断被许可人能否进行分售许可，要看许可人是否在专利许可协议中明确授权被许可人对被许可专利进行分售许可。②无论是排他许可还是普通许可，经专利权人特别授权，被许可人都可以进行分售许可，但分售许可必须是普通许可。③分售许可的有效期不得超过主许可的有效期限，超过期限的部分无效。④分售许可所涉及的地域范围不得超过主许可有效地域范围，超过范围的行为可能构成专利侵权。

分售许可类似二房东：被许可人与第三人之间的实施许可就是分售许可。相当于二房东先从原房东手里租下房子，然后再转租给他人。

（三）许可合同一般条款

以专利许可为例，一般而言，专利许可合同应包括以下条款：

1）双方当事人的名称、地址。这可以精确地确认许可方与被许可方的身份。

2）许可合同订立的背景以及许可方与被许可方的陈述。当双方对合同做出承诺时，其他的合同条款应包括当事人间以前的任何关系，与以前任何可能与此许可有关、支配此许可或会影响此许可合同的事项。

3）名词定义。许可合同中的关键字、关键词需要清楚的定义，以避免在当事人之间产生误解。常见的有：专利权、技术、许可地域、许可产品、许可装置、技术改良、回馈许可、备件、部件、技术资料、净销售价等。

4）专利技术简介。写明专利的名称、种类、申请日、批准日、申请号、专利号、有效期等；应当用简洁明了的专业术语，准确、概括地表达发明创造的名称、所属的专业技术领域、现有技术的状况和本发明创造的实质性特征。

5）费用的支付。

6）技术资料的交付。规定技术资料的范围、交付时间、地点、验收方法；技术情报资料清单，至少应包括发明说明书、附图，以及技术领域一般专业技术人员能够实施发明创造所必需的其他技术资料。

7）技术改进。签约后一方对该专利技术的改进，其成果归谁所有，以及另一方的利益问题。

8）技术服务和人员培训。被许可方获得技术资料后可能无法制造出合格产品，还需许可方提供培训和指导等。

9）保密条款。

10）合同中止和解除的条件及程序。

11）争议的解决办法。当事人愿意在发生争议时，将其提交双方信任的仲裁机构仲裁的应在合同中明确仲裁机构，明确所共同接受的技术合同仲裁，该条款具有排除司法管辖的效力。

12）违约金或损失赔偿额的计算方法。对不履行或不按时履行合同等违约的处理。

13）合同的生效日、有效期限、终止及延期。

（四）许可费

收取许可费是专利权人许可的主要目的，故许可费用条款是许可合同中重要的条款之一。但许可费的多少是当事人最难商定的内容。常见的许可费用支付方式有固定许可使用费与浮动许可使用费两类。被许可方以协商价格一次付清许可费，也可以让许可方根据经营状况参与提成。

由于浮动使用费具有共享收益、分担风险的功能，故而为绝大部分许可合同所采用。浮动使用费一般是在确定使用费总额与提成年限的前提下，确定使用费的两个浮动因子（提成基数与提成比例）。

目前，绝大多数许可合同并未按理想的使用专利所获收益作为提成基数，而是出于计算的方便以产品销售额作为提成基数。以产品销售额作为提成基数虽然具有不合理的成分，即有可能对专利产品中非基于专利技术部分提取了使用费，但从总体上来看是合理与可行的，即被许可人不需要向许可人公开财务，也不需要复杂的核算。更重要的是，提成使用费取决于两个浮动因子，当事人可通过缩小提成比例达到平衡使用费的目的。以产品销售额作为提成基数出于计算的方便，也是一种商业上的要求。但是，由于专利具有天然的独占性，专利权人常会滥用专利特权以获取高额使用费。为此，如果专利权人在许可时滥用专利权，极有可能构成垄断，导致许可使用费条款无效。

单一的固定许可使用费或浮动许可使用费并不能使许可方的收益最大化，还有一种许可使用费的计算方式，即采用固定费加提成的两部制方式，这样会对许可方更加有利。

许可使用费总额除与专利价值密切相关外，还需要考虑其他因素，如代替产品、专利产品所处寿命的周期、许可数量、许可期间、地域、产品范围等诸多因素。评估所确定的价值仅仅是当事人谈判的基础，最终使用费总额是当事人谈判的结果。谈判时一般遵循"二五原则"，即许可使用费不得超出被许可人使用专利所获收益的25%。

案例精选

德尔菲汽车公司的技术许可

对于许可证颁发者来说，许可证能使企业的技术渗透到更大范围的市场，而这单凭自己是做不到的。例如，汽车制造业的供应商之一德尔菲汽车公司（Delphi Automotive）开发了一种软件，能够对包括车削、研磨和钻孔在内的机械加工的各个方面进行模拟。这种软件使制造商可以通过大量的加工模拟，找到改进加工工艺的办法。德尔菲汽车公司开发该软件的初衷是自己使用，但是它后来意识到通过向其他企业颁发许可证，可以赢得更多的利润。

三、技术咨询、技术服务和技术开发

（一）技术咨询合同

技术咨询合同是指当事人一方为另一方就特定技术项目提供可行性论证、技术预测、专题技术调查、分析评价报告所订立的合同。

技术咨询合同的委托人应当按照约定阐明咨询的问题，提供技术背景材料及有关技术资料、数据；接受受托人的工作成果，支付报酬。技术咨询合同的受托人应当按照约定的期限完成咨询报告或解答问题；提出的咨询报告应当达到约定的要求。

技术咨询合同的委托人未按照约定提供必要的资料和数据，影响了工作进度和质量，不接受或者逾期接受工作成果的，支付的报酬不得追回，未支付的报酬应当支付。技术咨询合同的受托人未按期提出咨询报告或者提出的咨询报告不符合约定的，应当承担减收或者免收报酬等违约责任。技术咨询合同的委托人按照受托人符合约定要求的咨询报告和意见做出决策所造成的损失，由委托人承担，但当事人另有约定的除外。

在技术咨询合同履行过程中，受托人利用委托人提供的技术资料和工作条件完成的新的技术成果，属于受托人。委托人利用受托人的工作成果完成的新的技术成果，属于委托人。当事人另有约定的，按照其约定。

技术咨询服务项目，可分为工程咨询服务、技术市场信息咨询服务、管理咨询服务等不同形式。就工程咨询来讲，一般都是由准备实施某项工程的企业与专门的咨询公司签订服务合同，由后者负责解决前者提出的技术问题。咨询公司近些年在国际上已发展成为一个新行业。咨询公司可以为它的委托者进行可行性研究，搞工程设计，承担技术指导，从国际市场上选择价格最优惠的技术，协助企业改善管理，对企业的生产计划与市场开发提出建议等。实践证明，委托技术力量雄厚、经验丰富的公司担任咨询工作，有助于企业减少花费和提高效率。无论是在发展中国家还是在发达国家，许多企业在引进技术、进口设备或开始某项重大工程之前都与咨询公司签订服务合同，取得技术咨询。

咨询公司也可以合资或合作开办，如果合资或合作是涉外的，则是将咨询与合营两种引进技术的形式结合在一起了。我国有些公司采用了这种结合形式引进技术。例如，1985年5月，北京市仪表工业公司与美国一家生产"过程控制"仪表的跨国公司——贝利控制公司成立了一个共同经营的"联合技术中心"，就属于这种性质。据报道，该中心成立之后，将主要引进贝利公司的先进技术，为用户提供控制系统装置的技术咨询和示范。

除了委托咨询公司开展咨询之外，聘请国外的在某一技术领域有成果或有经验的专家到本企业担任一定时期的职务，也是一种技术咨询方式，可以起到引进技术的作用。

（二）技术服务合同

技术服务合同是指当事人一方以技术知识为另一方解决特定技术问题所订立的合同，与技术咨询合同较为相近但又不完全相同。

技术服务合同包括技术培训合同、技术中介合同和技术辅助合同。技术培训合同是指当事人一方委托另一方对指定的专业技术人员进行特定项目的技术指导和专业训练所订立的合同。技术中介合同是指当事人一方以知识、技术、经验和信息为另一方与第三方订立技术合同进行联系、介绍、组织工业化开发并对履行合同提供服务所订立的合同。

（三）技术开发合同

技术开发合同是指当事人之间就新技术、新产品、新工艺或者新材料及其系统的研究开发所订立的合同,包括委托开发合同和合作开发合同。技术开发合同的标的物具有新颖性,包括新技术、新产品、新工艺或者新材料及其系统。合同履行具有协作性,风险由当事人共同承担。

在技术开发合同中,委托人的主要义务有:按照约定交付研究开发费用和报酬;按照合同约定提供技术资料、原始数据并完成协作事项;按期接受研究开发成果。由于委托方无故拒绝或迟延接受成果,造成该研究开发成果被合同外第三人以合法形式善意获取时,或者该成果丧失其应有的新颖性时,或该成果遭到意外毁损或灭失时,委托方应承担责任。

在技术开发合同中,研发人的主要义务有:制定和实施研究开发计划;合理地使用研究开发经费;按期完成研究开发工作,交付研究开发成果;为委托方提供技术资料和具体技术指导,帮助委托方掌握应用研究开发成果。

但是,技术外包也有许多弊端。对外包的依赖导致企业丧失了重要的学习机会,并最终造成企业在学习能力上的劣势。因为缺乏对发展自身能力的投资,企业有可能无法开发与产品相关的许多技术和资源,而这可能影响企业未来的产品平台的开发。过分依赖外包使企业面临变得外强中干的风险。事实上,普拉哈拉德(Prahalad)和哈默(Hamel)认为,高士达(Goldstar)、三星和大宇等韩国企业积极地为潜在的竞争对手充当合同制造商,使这些企业的投资外溢。这就使得三星这样的企业可以利用潜在竞争的资金来加速自身能力的发展,同时使对手的能力渐渐销蚀。技术外包还有可能导致企业不得不增加大量的交易成本。例如,合同制造需要一份清晰明确的合同:对产品设计、成本和数量的要求需要企业间有详细的沟通并在投入生产前确定。发出订单的企业还不得不竭尽全力,以避免其私有技术被合同制造商窃取。另外,合同制造商为了获得订单,往往不得不接受较低的价格,因而承受了很大的成本压力,所以他们会非常小心地确认合同,以免在按照合同投资进行生产之后,受到发出订单企业的控制。

四、合同范本

技术交易中常见的合同类型包括：技术开发（委托）合同、技术开发（合作）合同、技术转让（专利申请权）合同、技术转让（专利权）合同、技术转让（专利实施许可）合同、技术转让（技术秘密）合同、技术咨询合同、技术服务合同[①]。

五、技术进出口

（一）技术进出口的概念及基本特征

根据《中华人民共和国技术进出口管理条例》，技术进出口是指从中华人民共和国境外向中华人民共和国境内，或者从中华人民共和国境内向中华人民共和国境外，通过贸易、投资或经济技术合作的方式转移技术的行为。前款规定的行为包括专利权转让、专利申请权转让、专利实施许可、技术秘密转让、技术服务和其他方式的技术转移。

技术进出口也称国际技术贸易或国际技术转让，国际技术贸易既包括技术知识的跨境交易，也包括与技术转让密切相关的机器设备等货物的跨境交易。

与一般货物贸易相比，国际技术贸易具有一些特征。一是，交易对象不同，货物贸易交易的是各种具体物质产品，技术贸易交易的是知识产品，是在科学实验和生产过程中创造的各种科技成果。二是，所有权转移不同，货物贸易交易商品的所有权随贸易过程而转移，原所有者不能再使用和出售，而技术贸易出口方一般不转移所有权，只转移使用权，在技术转让后，

---

① 具体合同范本可参见"中华人民共和国科学技术部关于印发《技术合同示范文本》的通知"，网址链接为：http://www.most.gov.cn/fggw/zfwj/zfwj2001/200512/t20051214_55041.htm

技术所有权仍属于技术所有人,一项技术原则上可以多次转让。三是,交易过程不同,一般货物贸易在交易完结后,贸易活动即完成,而技术贸易交易过程较长,一项技术在转移过程中,往往须经过提供资料、掌握技术、消化技术等过程,最后才完成技术贸易行为,这个过程有利于进口方的知识积累。四是,交易主体关系不同,货物贸易的出口方和进口方一般关系不大,而技术贸易双方多为生产领域一致但技术水平存在较大差异的企业,他们之间利益和竞争关系复杂,如技术出口方要在出口技术获得利润和保持技术垄断力之间进行权衡。五是,交易条件不同,一般货物贸易交易比较简单,而技术贸易交易条件比较复杂,不仅包括技术内容、专利使用范围,而且包括交易双方的义务和责任等,技术的交易价格构成也比较复杂。

(二)我国技术进出口相关法规与政策

1. 我国的技术进出口管制制度历史沿革

(1)立法进程

我国现行技术出口管制的立法依据是《中华人民共和国对外贸易法》。该法第十六条赋予政府因"国家安全"等原因,禁止或限制某些技术的进出口的权力。但之后的几年,我国政府并未颁布相关实施法规和执法措施,直至2001年的"9·11"事件。

"9·11"事件发生后,为履行联合国多边义务,中国政府于2001年年底迅速出台了多项出口管制法律法规,具体如下:

2001年12月10日,国务院发布了《中华人民共和国技术进出口管理条例》(简称《进出口条例》)。《进出口条例》是在《中华人民共和国对外贸易法》的基础上制定的,并分别于2011年和2019年进行了修订,为技术进出口管理提供了指导方针。

在发布《进出口条例》当日,原对外贸易经济合作部、国家经济贸易委员会第一次发布了限制进出口和禁止进出口的技术目录，即《中国禁止进口限制进口技术目录》（简称《进口目录》）和《中国禁止出口限制出口技术目录》（简称《出口目录》）。

2001年12月12日，中华人民共和国科学技术部和原对外贸易经济合作部发布了《禁止出口限制出口技术管理办法》（简称《管理办法》）。《管理办法》是在《中华人民共和国对外贸易法》和《中华人民共和国技术进出口管理条例》的基础上制定的，并于2009年被商务部和科学技术部修订。这些法规旨在专门规范禁止技术和限制技术的出口，并且对技术出口许可提供了具体指导细则。

（2）《出口目录》的修订

在过去的20年里，《出口目录》进行了两次修订，分别在2008年和2020年8月28日。2008年对《出口目录》的修订是实质性的，反映了当时的经济增长和技术进步。

2020年对《出口目录》的修订共删除、修改和增加了53项技术。例如，在第十五类"计算机服务业"和第十六类"软件业"的限制出口技术项下增加了多项与人工智能相关的技术，如语音合成技术、语音识别技术、交互理解技术、印刷体扫描识别技术、手写体扫描识别技术、拍照识别技术、中英文作文批改技术，特别是基于数据分析的个性化信息推送服务技术等。

此外，2020年的《出口目录》还新增了多项与网络安全相关的技术，如密码芯片设计和实现技术、量子密码技术，以及数据库系统安全增强技术等。

（3）即将出台的《中华人民共和国出口管制法》

我国政府正在进行《中华人民共和国出口管制法》的起草工作。

2017年6月，商务部颁布《中华人民共和国出口管制法》（草案征求意见稿），随后2019年12月全国人大常委会颁布《中华人民共和国出口管制法》（草案），2020年7月3日全国人大常委会颁布《中华人民共和国出口管制法》(草案二次审议稿)[简称《出口管制法》(草案)],公开征求意见。《出口管制法》预计可能将较快定稿并颁布生效。

如颁布,《出口管制法》将成为我国规范出口管制执法的第一部综合性的国家出口管制立法。

《出口管制法》(草案)的要点总结如下:

出口管制物项的范围

《出口管制法》(草案)规定出口管制物项包括两用物项、军品、核,以及其他与履行防扩散等国际义务和维护国家安全相关的货物、技术、服务等物项。出口管制物项不仅包括有形的货物,还包括无形的技术和服务等。

《出口管制法》的适用范围

根据《出口管制法》(草案),出口管制适用于从中华人民共和国境内向境外转移管制物项,以及中华人民共和国公民、法人和非法人组织向外国组织和个人提供管制物项。其中,跨境转移的方式不限于以购销形式出口,还包括对外投资、对外捐赠、境外展览、科技合作、对外援助、技术服务等形式的转让。除了物理递送,还可能包括发送电子邮件、上传国外网站、即时消息等其他电子传输方式。

黑名单管理制度

《出口管制法》(草案)规定中国政府为"履行防扩散等国际义务、维护国家安全的需要",可禁止相关管制物项向特定目的国家和地区,向特定组织和个人出口。

域外管辖权执法

值得注意的是,《出口管制法》(草案)同时规定了中国有权对违反出口管制管理规定,妨碍防扩散等国际义务的履行,危害中华人民共和国国家安全和利益的境外的组织和个人,依法处理并追究其法律责任。由此可见《出口管制法》域外执行的可能性。

2. 管辖权、程序和处罚

（1）中国的技术出口管辖权

属地管辖

根据《进出口条例》第二条，技术出口指从中华人民共和国境内向中华人民共和国境外，通过贸易、投资或者经济技术合作的方式转移技术的行为。

目前对于技术进出口管制主要采取属地管辖，即以领土、领空和领海的边境作为划分标准，从中国境内向境外出口技术需要受到中国法律法规的管辖。技术所有权人的国籍或注册地并非是判断中国法律是否适用的标准。举例来说，美国专利权人在中国境内将专利技术转移给日本的购买方依然会受到中国政府管辖。

技术转移行为的范围

在《进出口条例》下，技术转移行为的定义非常广泛。《进出口条例》明确规定，技术转移包括专利权转让、专利申请权转让、专利实施许可、技术秘密转让、技术服务和其他方式的技术转移。但《进出口条例》还指出，技术转移不一定局限于上述形式。从理论上讲，技术转移可以包括以任何形式向其他个人或组织披露和传播技术信息，包括发送电子邮件或其他方式。

（2）技术出口流程

根据《进出口条例》，中国的技术出口分为三个大类：自由出口的技术、限制出口的技术和禁止出口的技术。

自由出口的技术

自由出口的技术实行合同登记管理。技术出口经营者应在合同生效后60天内办理合同登记手续，向省级商务主管部门提交技术出口合同副本和其他申请文件。省级商务主管部门自收齐上述材料之日起3个工作日内，对技术出口合同进行登记，并颁发技术出口合同登记证。技术出口经营者可以凭技术出口合同登记证办理外汇、银行、税务、海关等相关手续，完成技术出口。

值得注意的是，上述登记不是合同生效的条件。到目前为止，在实践中并未严格执行上述登记要求。

限制出口的技术

限制出口的技术实行许可证管理。凡出口中国限制出口的技术的，应按照《管理办法》履行出口许可手续。

在与外方就技术出口交易进行实质性谈判前，技术出口经营者必须向省级商务主管部门提出申请，省级商务主管部门会同省级科技行政主管部门分别对技术出口项目进行贸易审查和技术审查，并在收齐申请材料之日起30个工作日内做出是否批准申请的决定。省级科技行政主管部门在进行技术审查的过程中，可以组织专家对申请出口的技术进行审查。

若技术出口获得批准，省级商务主管部门将颁发由商务部统一印制和编号的《中华人民共和国技术出口许可意向书》（简称《许可意向书》）给技术出口经营者，《许可意向书》的有效期为三年。技术出口经营者可以凭《许可意向书》与外方进行实质性谈判，签订技术出口合同。在取得《许可意向书》前，任何单位和个人都不得对外进行实质性谈判，不得做出有关技术出口的具有法律效力的承诺。

在技术出口合同签署以后，技术出口经营者应将签订的技术出口合同副本，连同《许可意向书》和其他申请文件提交给省级商务主管部门。省级商务主管部门在收齐前述文件15个工作日内，对技术出口做出是否许可的决定。若省级商务主管部门对技术出口做出许可决定，则会向技术出口经营者颁发《技术出口许可证》。技术出口合同自《技术出口许可证》颁发之日起生效。

禁止出口的技术

禁止出口的技术不得以任何方式出口，因此无须办理审批手续。

3.法律责任

《进出口条例》第四十四条明确规定了非法进出口禁止或者限制技术的

法律责任，包括行政责任和刑事责任。如果情节尚不构成刑事处罚的，违法的技术出口经营者可能会被给予警告，没收违法所得，处违法所得1倍以上5倍以下的罚款，直至撤销其对外贸易经营许可等。如情节严重的，应依照《中华人民共和国刑法》关于走私罪、非法经营罪、泄露国家秘密罪或者其他罪的规定，依法追究违法技术出口经营者的刑事责任。

此外，若技术出口经营者受到行政处罚或刑事处罚，那么自行政处罚决定生效之日或者刑事处罚判决生效之日起，国务院有关部门可以在三年内不受理该经营者提出的进出口配额或者许可证的申请，或者禁止该经营者在一年以上三年以下的期限内从事有关技术的进出口经营活动。

相关主要法律法规有《中华人民共和国技术进出口管理条例》的第二章（技术进口管理），以及《禁止进口限制进口技术管理办法》《中国禁止进口限制进口技术目录》《中华人民共和国技术进出口合同登记管理办法》[①]。

（三）国际上常见的国际技术转让类型

根据《联合国国际技术转让行动（草案）》守则规定，国际技术转让的内容主要有以下几方面：

1）各种工业产权的转让、出售或授予许可，即以转让或者许可合同的方式提供发明专利权、实用新型专利权、外观专利权和商标权为内容的技术知识。

---

① 关于最新《中华人民共和国技术进出口管理条例》，参见：http://fms.mofcom.gov.cn/article/a/ae/200403/20040300198763.shtml.

关于最新《禁止进口限制进口技术管理办法》（2019年12月发布），参见：http://fms.mofcom.gov.cn/article/a/ae/200403/20040300198772.shtml.

关于最新《中国禁止进口限制进口技术目录》，参见：http://fms.mofcom.gov.cn/article/a/ae/201911/20191102909332.shtml.

关于《中华人民共和国技术进出口合同登记管理办法》，参见：http://www.mofcom.gov.cn/article/b/e/200207/20020700033025.shtml.

2）以可行性研究、技术、图表、模型、说明、手册、工时、技术规格或工程设计和训练设备、技术咨询服务和管理人员服务，以及人员培训等方式提供专有技术和知识。

3）提供将要或已经购买、租赁或以其他方式获得机器、设备、中间产品或就原料取得、安装和使用所需要的技术知识。

4）提供工业和技术合作安排的技术知识。

上述规定不仅表述了国际技术转让的内容，还反映了国际技术转让的方式，如通过国际贸易进行技术转让、通过国际经济合作的方式进行技术转让、通过国际工程提供技术转让和通过提供服务进行技术转让。

1. 许可贸易

许可贸易有时称为许可证贸易。它是指知识产权或专有技术的所有人作为许可方，通过与被许可方（引进方）签订许可合同，将其所拥有的技术授予被许可方，允许被许可方按照合同约定的条件使用该项技术、制造或销售合同产品，并由被许可方支付一定数额的技术使用费的技术交易行为（上文已有介绍）。许可贸易是在国际技术贸易中使用最为广泛的技术贸易方式。

国际技术转让的主体为营业地或住所地位于不同国家的自然人、法人或者其他经济组织。要成为国际技术转让的主体，必须首先取得外贸经营权，对于外贸经营主体资格的取得，我国加入世界贸易组织后，由原来的审批制转为了备案登记制。

进行一项国际许可贸易，非常重要的法律问题之一就是如何签订国际许可合同。国际许可合同，又称国际许可证协议。与普通的国际货物贸易合同相比，国际许可合同具有确切的时间性、明确的地域性、严格的法律性、鲜明的有偿性。由于科技的发展迅速导致技术的生命周期越来越短，因此目前国际上的国际许可合同的有效期总体趋势是越来越短。国际许可合同涉及的法律内容非常广泛，包括国内立法、国际条约和国际惯例等，而法律部门则涉及国际贸易法、国际技术转让、国际金融法、国际知识产权保护法，以及一些国际公法和国际私法内容的部门。这些法律都在对国际许可合同进行调整。

对许可证购买者而言，从其他企业获得一项技术许可证的成本一般比自己独立开发该技术低得多。如前所述，新产品开发是高投入、高风险的；通过许可证，企业可以获得一项在技术或者商业应用上已经成熟的技术。然而，技术许可证往往会颁发给许多用户，因此通过许可证获取的技术不太可能成为企业持续竞争优势的来源（因为很多潜在的许可证购买者都可以购买该技术），但宝洁可能是一个非常值得借鉴的反例。通过"联结与开发"计划，宝洁从外部吸收创意和技术并运用于研发。通过许可证获得的技术仅仅被当作新产品的基础，然后宝洁会利用自己的专家团队和丰富的资源进一步尽心打造产品，这一过程很难被模仿，这一举措如今被很多公司借鉴参考，可以视作"开放式创新"的标志。

案例精选

三星电子 DRAM 技术转移

（1）DRAM 技术

DRAM（Dynamic Random Access Memory），即动态随机存取存储器，是最为常见的系统内存。DRAM 只能将数据保持很短的时间。为了保持数据，DRAM 使用电容存储，所以必须隔一段时间就刷新一次，如果存储单元没有被刷新，存储的信息就会丢失。

（2）三星电子简介

三星电子自 1969 年在韩国水原成立以来，已成长为一个全球性的信息技术企业，在世界各地拥有 200 多家子公司。三星电子的产品包括家用电器（如电视、显示器、冰箱和洗衣机）和主要的移动通信产品（如智能手机和平板电脑）。此外，三星还是重要电子部件（如 DRA 和非存储半导体）的供应商。三星致力于通过不断的创新来改善生活方式。三星电子在 2016 年世界 500 强排行榜中高居第 13 位，全年营业收入超过 1774 亿美元，这是三星三年来连续三次获得该排名。其半导体事业从 2002 年开始连续 14 年保持世界第二。

（3）三星电子 DRAM 技术转移历程

第一阶段——获得技术模仿能力

1983 年，三星电子决定将半导体作为核心事业之一，其中重点研发 DRAM 技术。在这一年里，三星从美光（Micron Technology）进口了大批 64KB DRAM 芯片，并购买到该芯片的技术许可证；从加利福尼亚的 Zytrex 获得了 MOS 电路设计的相关授权。通过对美光 64KB DRAM 技术的消化吸收，三星在 1984 年成功量产了第一个 64KB DRAM 芯片。通过技术引进，三星节省了大量研发投入，减少了研发风险，同时大大缩短了研发周期。

第二阶段——获得模仿创新能力

在成功生产 64KB DRAM 并积累生产经验之后，三星又从美光购买了 256KB DRAM 的技术许可证，同时三星也开始通过反向工程自行开发 256KB DRAM。1988 年，256KB DRAM 宣布开发成功，标志着三星第一次获得了 DRAM 技术的完全知识产权。这一成功也体现了三星模仿创新的能力。

第三阶段——形成自主研发能力

1986 年，韩国政府开始实施"超大规模集成电路技术共同开发计划"（产学研项目）。以韩国电子研究所为主导，三星、现代、LG 等大企业组成半导体研究开发联合体，集中人才、资金进行 1MB DRAM 到 64MB DRAM 的基础核心技术研发。在结合政府主导的核心技术后，三星于1998年在该联合体中第一个完成4MB DRAM及8MB DRAM 的开发，这标志着三星DRAM的脚步已经赶上了当时的国际先进水平。之后三星分别和东芝、通用仪器、ISD、三菱、NEC和富士通这样的竞争对手结成了战略联盟。

短短五年时间，从最初的技术模仿到形成完全的自主研发能力，三星成功完成了DRAM的国际技术转移。

三星成功引进高端技术离不开当时的国际市场环境，20世纪80年代，美国厂商为了找到合作伙伴共同对抗日本厂商的冲击，才选择与三星合作。因此，为了应对发达国家对于高新技术的封锁，发展中国家必须密切关注国际局势及国际市场的变化，并且学会抓住市场机遇，从而让原本不可能的尖端技术转让变成可能。

2. 特许专营

特许专营是近二三十年迅速发展起来的一种新型商业技术转让方式，是指由一家已经取得成功经验的企业，将其商标、商号名称、服务标志、专利、专有技术及经营管理的方法或经验转让给另一家企业的一项技术转让合同，后者有权使用前者的商标、商号名称、服务标志、专利、专有技术及经营管理经验，但须向前者支付一定金额的特许费。

国际特许经营是实现国际技术转让的途径之一，其采取的方式基本有两种：一种是直接特许经营；另一种是通过区域总特许协议进行分售特许。

特许专营类似许可，但它的特许方和一般的许可方相比要更多地涉入对方的业务活动，从而使其符合特许方的要求。因为全盘转让，特别是商号、商标（服务标志）的转让关系到他自己的声誉。特许专营的被特许方与特许方之间仅是一种买卖关系。被特许人的企业不是特许人企业的分支机构或子公司，它们都是独立经营、自负盈亏的企业。特许人并不保证被特许人的企业一定能盈利，对其盈亏也不负责任。特许专营是发达国家的厂商进入发展中国家的一种非常有用的形式。由于风险小，发展中国家的厂商也乐于接受。

国际特许经营中技术转让流程包括前期接洽、签订加盟意向书、信息披露和可行性评估论证、国家审批、签订国际特许经营合同、证照办理、技术培训、开始营业、使用技术等。前期接洽磋商主要有加盟咨询、市场调查与实地考察。加盟意向书的签订主要是为信息披露做准备，对防止恶意磋商及商业秘密泄露具有预防性的作用。设立国际特许经营企业，开展国际特许经营活动需要经过所在国家的批准。在我国，外商投资企业在开展特许经营前，应向审批部门提出申请增加"以特许经营方式从事商业活动"的经营范围，并提交包括信息披露文件、特许经营合同样本及特许经营操作手册在内的有关资料。

案例精选

可口可乐和肯德基的国际特许经营

可口可乐通过合作伙伴与优秀饮料企业合资，签订一定年限的特许生产经营合同，由其在限定区域内生产销售可口可乐系列产品，协同进行品牌维护和发展。除了可口可乐秘密配方的浓缩液外，一切设备材料的运输、销售等均由当地合作企业自筹自办。但作为品牌持有人，可口可乐对品牌非常关注。所有产品的宣传与广告都是可口可乐去安排，瓶装厂去执行。通过共同负担所有广告、市场费用的模式来协助瓶装厂开展业务，是一种非常密切、参与性非常高的特许经营安排。

肯德基也采用这种特许经营的加盟方式，肯德基提供品牌、管理和培训，以及集中统一的原料、服务体系，合作方利用统一的品牌、服务来经营，最后双方按照约定来分享商业利益。肯德基对于加盟者的审核要求十分严格，加盟者除必须拥有100万美元或800万元人民币作为加盟及店面装修、设备引进等费用外，还必须具有经营餐饮业、服务业和旅游业等方面的背景和实际经验。加盟商支付这笔费用后，即可接手一家正在营运的肯德基餐厅，包括餐厅内所有装饰装潢、设备设施及经过培训的餐厅工作人员，肯德基不允许使用自有店面开新店。对于肯德基来说，每转让一个店面，将获得一次性加盟费800万元人民币，每年还有占销售额6%的特许经营权使用费和占销售额5%的广告分摊费用。通过加盟所得资金，还可以继续开店，这是一条无风险高速扩张之路。对于受许人来说，加盟肯德基，通过培训，可以掌握先进的企业管理，受许人站在肯德基的肩上，通过自己辛勤经营，也能为自己带来可观的收益。这种方式保证了肯德基一直追求的双赢，投资者几乎没有风险地赚了钱，肯德基没有风险地扩张了品牌的市场占有率。

3. 技术服务和咨询

技术服务和咨询是指独立的专家、专家小组或咨询机构作为服务方应委托方的要求，就某一个具体的技术课题向委托方提供高知识性服务，并由委托方支付一定数额的技术服务费的活动。技术服务和咨询的范围和内容相当广泛，包括产品开发成果推广、技术改造、工程建设、科技管理等方面，大到大型工程项目的工程设计可行性研究，小到对某个设备的改进和产品质量的控制等。企业利用"外脑"或外部智囊机构，帮助解决企业发展中的重要技术问题，可弥补自身技术力量的不足，减少失误，加速发展自己。我国第二汽车制造厂委托英国的工程咨询公司改进发动机燃烧室形腔设计，合同生效半年内就取得了较好的技术经济效果。

许可贸易与技术咨询服务是国际技术贸易的两种基本的贸易方式，其他技术贸易形式一般都是这两种方式在特殊情况下的运用或是包含了这两种方式。

4. 含有知识产权和专有技术转让的设备买卖

在国际贸易实际业务中，在购买设备特别是关键设备时，有时也会含有知识产权或专有技术的转让内容。这种设备买卖也属于技术贸易的一种方式。但是，单纯的设备买卖，即不含有知识产权和专有技术许可的设备买卖属于普通商品贸易，不是技术贸易。

这种设备的成交价格中不仅包括设备的生产成本和预计利润，而且也包括有关的专利或专有技术的价值。在这种设备的买卖合同中含有专利和专有技术许可条款，以及技术服务和咨询条款。这种方式的技术转让在发达国家与发展中国家的技术交易中占有相当大的比重。它也常用于工程承包。

5. 反向工程

以往由于发展中国家缺乏资金，并认为获得了技术的所有权就获得了技术等原因，人们比较偏爱传统的以市场为媒介的正式的技术转移模式。然而随着技术的发展和国际技术转移的实践，技术中的意会性知识是国际技术转移过程中存在的一大障碍，传统的市场交换对国际技术转移而言是不充分的。因此，非市场媒介和非正式的技术转移越来越受到重视，这种技术转移方式不仅转移技术本身，还转移如何对技术进行再创新的能力，全面提高企业的技术能力。

最重要的非市场媒介和非正常的技术转移方式就是反向工程，反向工程指通过技术手段对从公开渠道取得的产品进行拆卸、测绘、分析等而获得的有关技术信息。

案例精选

中国万向集团的国际技术转移之路

中国万向集团创始于1969年，从鲁冠球以4000元资金在钱塘江畔创办农机修配厂开始，以年均递增25.89%的速度，发展成为营收超千亿、利润过百亿的现代化跨国企业集团。它是一家以民营经济为主体的企业集团，其总部设在浙江省杭州市萧山经济技术开发区。中国万向集团是国务院120家试点企业集团之一，以汽车零部件产业为核心，从零件到部件到系统，逐渐做大做强，表现出了较强的技术能力。万向技术转移活动有以下几项：

反向工程

20世纪70年代，萧山宁围公社农机厂（万向集团的前身）开始试制万向节，决定由综合厂改为万向节专业制造厂。当时全国生产万向节的企业比较多，然而生产进口汽车万向节的企业却很少，因此，工厂决定以进口汽车万向节的生产作为主攻方向。国外汽车万向节的技术和工艺都是保密的，想得到图纸更不可能。于是，万向集团采用了非正式技术转移模式中的"反向工程"，将进口汽车的万向节卸下来，照实物描绘图纸，进行试制，几经改进和提高，终于生产出了符合要求的产品。走专业化生产的道路，不生产滞销的国内汽车万向节，而通过反向工程，学习国外技术，专业生产市场缺少的进口汽车万向节，是将企业做强的极为关键的一步棋。中国万向集团在制造和经销两个方面同时通过QS900标准的认证，从而使万向汽车配件打入了美国主流市场，成为美国通用、福特等汽车的配件供应商。

出口、国外设厂和建立海外研发中心

1984年，3万套万向节第一次出口美国，成为第一家进入美国

汽车零部件维修市场的中国企业。1994年，在美国芝加哥设立万向美国公司。10多年间，实现了从产品走出去到人员走出去，再到企业走出去的跨越，从单一的产品销售扩大到进行国际资源配置，并先后在8个国家建立了30家海外分公司，构建成涵盖40多个国家和地区的国际营销网络。与海外企业建立起战略同盟关系，产品为通用、福特等汽车公司配套，成为第一家进入国际主机件厂配套线的中国零部件企业。同时，建立了万向北美技术中心，负责新产品开发设计，保持与国际先进技术同步开发。

在发达国家设厂或建立技术研发中心，人员招聘应以当地为主、以派出为辅，这样可以充分利用发达国家的有经验的劳动力资源和丰富的智力资源，实现与发达国家的技术研发同步。

海外收购

1）2000年10月，中国万向集团收购了美国俄亥俄州的舍勒公司。舍勒公司始建于1923年，是美国汽车维修市场的三大零部件供应商之一，在欧、亚、美、澳各大洲都设有分公司。自1994年开始，舍勒公司的经营日趋下滑直至出现严重亏损。而中国万向集团刚刚在美国设立的万向美国公司在美国市场的销售额成倍增长。最终，中国万向与美国的LSB公司联合收购了舍勒公司，舍勒的品牌、技术专利、专用设备和市场等归万向所有。并购舍勒公司的直接效果是，万向在美国市场每年至少增加500万美元的销售额。更深远的意义则是，由于舍勒公司在万向节领域的专利很多都列全美之首，并购了舍勒，万向产品有了当地品牌和技术的支持。这种本土化策略，使万向产品迅速融入了美国市场。

2）2001年，中国万向集团又收购了美国纳斯达克上市公司UAI。UAI公司成立于1981年，专业生产、制造与销售制动器零件，其客户涵盖美国各大汽车零部件连锁店及采购集团，拥有自有品牌

"UBP"商标。1994年在纳斯达克上市。然而在2000年前后，受美国经济的影响，UAI公司的股票缩水约909%，必须寻找新出路。经过谈判，万向收购了UAI公司，并成为第一大股东。万向通过收购海外上市公司，打开了国际资本市场的大门。同时，也引进了国外的先进技术。通过采用UAI公司的高水平的制动器制造技术，为万向国内企业的高起点建设制动器生产基地奠定了坚实的基础。

3）后来，万向又收购美国LT公司35%的股权，成为LT公司的第一大股东；收购QAI公司10%的股权，成为第三大股东。

4）翼形万向节传动轴的发明者和全球最大的一级供应商——美国洛克福特公司创立于1890年，是名副其实的百年老店。除了生产重型传动轴外，还生产用于重型非高速公路车辆的机械及液压离合器、动力转向装置等。洛克福特公司拥有大量的产品专利，先进的检测中心、技术中心，对产品的认证、测试、开发有非常高的专业水平。然而，从1998年开始，公司出现亏损。2003年10月，万向集团成功收购了百年老店美国洛克福特公司，成为第一大股东。

万向集团在技术转移过程中采用的是一种非正式（或者称为非市场媒介）的国际技术转移模式，这种模式不再把国际技术转移作为明确目标，而是进行反向工程、反向的人才流动、合作联盟和其他的非产权联系。

参考文献

[1] 张贰群. 专利战法八十一计 [M]. 北京：知识产权出版社，2005.
[2] 张玉瑞. 商业秘密商业贿赂法律风险与对策 [M]. 北京：法律出版社，2005.

［3］手册编委会. 专利法实施与解读手册［M］. 北京：中国知识出版社，2009.

［4］杜奇华，冷柏军. 国际技术贸易［M］. 北京：高等教育出版社，2009.

［5］张玉娟. 论国际技术转让［J］. 厦门科技，2008，3.

［6］郑成思，张晓都. 郑成思知识产权文集：专利和技术转让卷［M］. 北京：知识产权出版社，2017.

［7］希林，王毅，谢伟，等. 技术创新的战略管理［M］. 北京：清华大学出版社，2015.

［8］北京市集佳律师事务所，北京集佳知识产权代理有限公司. 知识产权战略与实务［M］. 北京：法律出版社，2007.

［9］谢旭辉，郑自群. 技术转移就这么干［M］. 北京：电子工业出版社，2017.

［10］陈长缨. 顺应形势变化，及时调整我国技术进口政策——我国技术进口研究［J］. 国际贸易，2014，4.

［11］李虹. 后危机时代发展我国技术出口的思考［J］. 财经问题研究，2010，12.

［12］蔡荣伟，张国勋. 中国技术进出口管制法律发展及对跨国公司的影响［EB/OL］. https://mp.weixin.qq.com/s/sfq5s6y1-9OpSz3KIci33Q.

第三章
技术投融资

本章主要围绕技术的知识产权相关投融资展开，包括技术入股、知识产权质押、知识产权证券化和科创企业的融资四个部分。

一、技术入股

技术成果转化是科技创造财富、促进经济与社会发展的重要环节。科技成果持有者对科技成果进行转化可采用自行投资实施转化；向他人转让该科技成果；许可他人使用该科技成果；以该科技成果为合作条件，与他人共同实施转化；以该科技成果作价投资，折算股份或者出资比例等形式。转化机制的多样化也使得技术作为主要生产要素之一，越来越多地以资本的形式参与到企业（公司）股权结构中，技术供求双方以商定的技术评估价值入股，并共享企业的利润和风险。当然，技术入股作为一种特殊的出资形式，与货币或其他形式的资产（如货币、实物、固定资产等）出资入股存在着较大差异。

（一）技术入股的概念

技术入股是指技术成果的拥有者将技术成果的财产权作价折算成一定数额的货币作为入股，进而取得一定比例的股权，归入股人所有，同时技术成果财产权转归接受入股的公司所享有的一种入股方式。在分配方式上，是一种按技术价值分配的收入分配方式。但技术作为一种无形产权，它的无形性使得其能够为多主体所共享，同时并不减少其中任何一个主体可以取得的数量；技术的所有人可以同时向多个主体进行技术投资，这也导致技术出资与其他有形财产的出资之间存在的根本差异。

《中华人民共和国公司法》第二十七条表明，股东可以用货币出资，也可以用实物、知识产权、土地使用权等可以用货币估价并可以依法转让的非货币财产作价出资。删去了此前对各类出资比例的限制，体现了对知识产权作价出资更加包容的立法思想及发展趋势。

（二）技术入股的规则

第一，技术入股的"主体"应当是入股技术合法拥有者，即对该技术拥有独立的占有、使用、处分和收益权利。这就要求入股人在以技术入股时应当提供有关证明材料如专利证书，并对投入的技术承担权利担保义务。

第二，作为入股的"技术"应当是已经存在且处于成熟阶段的技术，属于法律规定的范围。不能是有待将来才开发出来的技术或尚在研究初期阶段的模糊技术；作为入股的技术必须达到法定或约定标准，且具有实用价值，能够为企业创造利益。非专利技术必须达到一定标准，落后的和不具有使用价值的技术不能用于出资入股。

第三，入股的技术必须按一定的原则和方式公平作价，折合成一定比例的股权。

第四，技术入股人的入股技术应当依法转移。企业对出资入股技术享有所有权，技术入股人享有股东权。

（三）技术入股的相关政策

作为技术转化的重要机制之一，技术入股也成为各国科技政策关注的重点。我国十分重视技术成果转化工作，于1996年制定了《中华人民共和国促进科技成果转化法》，其中第九条规定科技成果持有者进行科技成果转化可以采用包括以该科技成果作价投资、折算股份或者出资比例等方式。

根据科技部、教育部、人事部、财政部等七部门联合在1999年发布的《关于促进科技成果转化的若干规定》（国办发〔1999〕29号），为鼓励高新技术研究开发和成果转化，以高新技术成果向有限责任公司或非公司制企业出资入股的，高新技术成果的作价金额可达到公司或企业注册资本的35%，另有约定的除外。国有科研机构、高等学校持有的高新技术成果在成果完成后一年未实施转化的，科技成果完成人和参加人在不变更职务科技成果权属的前提下，可以根据与本单位的协议进行该项科技成果的转化，并享有协议约定的权益。科技成果完成人自行创办企业实施转化该项成果的，本单位可依法约定在该企业中享有股权或出资比例，也可以依法以技术转让的方式取得技术转让收入。

此外在立法层面，除了前文提到的2018年修正后的《中华人民共和国公司法》第二十七条，2007年修订的《中华人民共和国科学技术进步法》也对促进技术成果向现实生产力转化做出了进一步的法律规定。

延伸阅读

深圳市科创企业股权设置相关政策动态

《深圳经济特区科技创新条例》(简称《条例》)创设了企业特殊股权设置。立法调研中,部分科技创新企业反映,大多数科技创新企业在创业之初,创始股东拥有技术,公司注册资本较少,随着之后的多次股权融资,创始股东的持股比例不断稀释,可能导致最终失去公司控制权。为保证科技创新企业原始股东和其他对公司科技创新有重大影响的股东权益,可以以较小的持股比例对公司享有控制权,《条例》变通了《中华人民共和国公司法》有关"一股一权""同股同权"的制度规定,率先以法规形式确立了"同股不同权"制度,并允许该类公司依据有关上市规则在深圳证券交易所上市交易,将有力吸引全球创新人才和资源,激发科技人员到深圳市创业及引进资本的积极性。

相关条文如下:

第六十四条[知识产权资本化]企业应当逐步将知识产权价值纳入财务报表,转化为股份或者出资比例,用于增添自有资本或者对外投资。

第九十九条[特殊股权设置]在本市依照《中华人民共和国公司法》登记的科技企业可以设置特殊股权结构,在公司章程中约定表决权差异安排,在普通股份之外,设置拥有大于普通股份表决权数量的特别表决权股份。

有特别表决权股份的股东,可以包括公司的创始股东和其他对公司技术进步、业务发展有重大贡献并且在公司的后续发展中持续发挥重要作用的股东,以及上述人员实际控制的持股主体。

设置特殊股权结构的公司,其他方面符合有关上市规则的,可以通过证券交易机构上市交易。

（四）技术出资人的权利与义务

技术出资入股人作为公司的股东应当在平等原则下与公司其他股东一样享有法定的权利、承担法定的义务。

1. 技术出资人的权利

（1）入股技术成果的人身权

民事主体对入股技术成果既享有财产权，也享有人身权，具有双重性质。技术入股实际上仅就入股技术成果的财产权办理转入公司的手续，因此作为发明创造人的技术入股股东就其作价投资入股的技术仍可以享有署名权、荣誉权等人身权。

（2）股权收益（比例）增加请求权

在公司的营运过程中，非专利技术有可能因为新的市场需求而增值或者因为非专利技术出资入股人在原有技术基础上的改进使得该技术具有了新的价值。此时，技术出资入股人可以在法律范围内向公司请求增加其股权收益或者股权比例。

（3）技术优先购回权

技术的优先购回权是指在公司破产要对破产财产进行清算处理时，应该首先征询技术出资入股人的意见，在同等条件下，技术出资入股人可以优先购回该出资入股技术。

2. 技术出资人的义务

（1）技术转移义务

产生专利转移义务的情形以专利入股居多。入股后，应保证根据合同约定，协助公司办理专利或者非专利技术权利的转移手续，使该项技术成果的所有权或使用权顺利转移到新公司，成为新公司资产的组成部分。

（2）提供技术资料，传授技术诀窍

技术出资入股方不仅有义务提供完整的技术情报、资料、样品和专利证书，说明该项技术成果的先进性和实用性，论证技术的评估依据和计算标准，必要时还应当提供技术的可行性研究报告。

（3）诚实信用义务

诚实信用义务指技术出资入股人要本着诚实、善良的态度，讲究信誉、恪守信用，不能利用自己在技术领域的知识优势从事不正当行为，损害公司和股东利益，包括但不限于不可再索回义务和竞业限制义务。

（4）后续改进义务

出资人以技术出资，履行了技术转移手续，投资当时对出资技术的评估，已经确定了技术的固定价值。技术出资人基于对技术的优势，应当承担对技术进行后续改进的义务，才能使技术的实际价值和股份价值之间的差额不至于存在太大的差异，也才能保护资金入股方的合法权益，促进入股技术的不断改进和更新，充实企业的竞争力。

（五）技术入股的现实意义

1. 技术入股是推动技术进步的重要途径

许多经济学家认为，国家竞争力主要取决于几个因素：科学技术的发展水平，与国家发展相适应的社会制度和意识形态。其中首要的就是科学技术的发展水平。技术入股的重要意义正是在于通过技术入股实现了治理资本价值，提高了科技创新对生产力的转化，从而促进社会整体的科技发展。

2.技术入股是投资双方实现自身资源价值的重要手段

技术入股是一种"借船出海"的行为。技术出资入股作为对企业投资的一种形式，无论是对企业，还是对技术持有人都有着重要意义。

（1）技术入股是提高企业竞争力的主要途径

技术入股对引进方来说，可以有效地配置企业的各项资产，全面地利用企业在经营管理、市场决策等各方面的优势，最大限度地发挥各种生产要素的价值，同时可以直接地获得先进的技术成果，降低企业引进创新的成本，避免在同一技术领域的研究中可能付出的重复劳动，从而取得市场竞争的技术优势。

（2）技术入股是提高技术出资人积极性的有效途径

技术出资入股方一旦成为股东，即享有股东权利并承担股东风险，因此技术入股方与公司的利益捆绑在一起，相对技术转让来说，他会更关心技术的实施情况和产品的质量，这有利于促成技术入股方对技术的实施和改进。同时，用技术投资可以减少技术入股方的现金投入比例，可以弥补技术入股方本身不能或不宜实施某项技术的不足，将精力更多地投入到技术的改进中去，并获取更多的物质收益。

（3）技术入股有利于形成产权明晰、报酬合理的科技成果转化机制

技术入股打破了资本雇佣劳动的格局，使得科技人才的自身价值在技术入股中既得到定性考虑，也得到定量体现。技术入股方作为企业的股东，有权通过分红实现经济回报。同时，技术入股人以股东的身份参与企业的经营和决策，可以更好地保护自己应得的合法权益，使技术成果更好地转化为企业的生产力。

二、知识产权质押

知识产权质押融资是知识产权权利人将其合法拥有的且目前仍有效的专利权、注册商标权、著作权等知识产权出质，从银行等金融机构取得资

金，并按期偿还资金本息的一种融资方式。2010年8月，财政部、工业和信息化部、银监会、国家知识产权局、国家工商行政管理总局、国家版权局联合发布了《关于加强知识产权质押融资与评估管理，支持中小企业发展的通知》(简称《通知》)，以推进知识产权质押融资工作，拓展中小企业融资渠道，完善知识产权质押评估管理体系，支持中小企业创新发展，积极推动产业结构优化升级，加快经济发展方式转变。《通知》指出，要建立促进知识产权质押融资的协同推进机制、创新知识产权质押融资的服务机制、建立完善知识产权质押融资风险管理机制、完善知识产权质押融资评估管理体系、建立有利于知识产权流转的管理机制，积极探索知识产权许可、拍卖、出资入股等多元化价值实现形式，支持商业银行、融资性担保机构质权的实现。

（一）专利权质押

专利权人可以专利权出质。2010年8月，国家知识产权局通过了《专利权质押登记办法》，同年10月1日起施行。《专利权质押登记办法》规范了专利权质押登记行为，并规定国家知识产权局负责专利权质押登记工作。

1. 专利权质押合同

以专利权出质的，出质人与质权人应当订立书面质押合同。质押合同可以是单独订立的合同，也可以是主合同中的担保条款。以共有的专利权出质的，除全体共有人另有约定的以外，应当取得其他共有人的同意。

当事人向国家知识产权局提交的专利权质押合同应当包括以下与质押登记相关的内容：①当事人的姓名或者名称、地址。②被担保债权的种类和数额。③债务人履行债务的期限。④专利权项数，以及每项专利权的名称、专利号、申请日、授权公告日。⑤质押担保的范围。

2.专利权质押登记

在中国没有经常居所或者营业所的外国人、外国企业或者外国其他组织办理专利权质押登记手续的，应当委托依法设立的专利代理机构办理。中国单位或者个人办理专利权质押登记手续的，可以委托依法设立的专利代理机构办理。

当事人可以通过邮寄、直接送交等方式办理专利权质押登记相关手续。申请专利权质押登记的，当事人应当向国家知识产权局提交下列文件，包括①出质人和质权人共同签字或者盖章的专利权质押登记申请表。②专利权质押合同。③双方当事人的身份证明。④委托代理的，注明委托权限的委托书。⑤其他需要提供的材料。专利权经过资产评估的，当事人还应当提交资产评估报告。

国家知识产权局收到当事人提交的质押登记申请文件后，应当通知申请人。国家知识产权局自收到专利权质押登记申请文件之日起7个工作日内进行审查并决定是否予以登记。专利权质押登记申请经审查合格的，国家知识产权局在专利登记簿上予以登记，并向当事人发送《专利权质押登记通知书》。质权自国家知识产权局登记时设立。经审查发现有下列情形之一的，国家知识产权局做出不予登记的决定，并向当事人发送《专利权质押不予登记通知书》：①出质人与专利登记簿记载的专利权人不一致的。②专利权已终止或者已被宣告无效的。③专利申请尚未被授予专利权的。④专利权处于年费缴纳滞纳期的。⑤专利权已被启动无效宣告程序的。⑥因专利权的归属发生纠纷或者人民法院裁定对专利权采取保全措施，专利权的质押手续被暂停办理的。⑦债务人履行债务的期限超过专利权有效期的。⑧质押合同约定在债务履行期届满质权人未受清偿时，专利权归质权人所有的。⑨质押合同不符合《专利权质押登记办法》第九条规定的。⑩以共有专利权出质但未取得全体共有人同意的。⑪专利权已被申请质押登记且处于质押期间的。⑫其他应当不予登记的情形。

专利权质押期间，国家知识产权局发现质押登记存在《专利权质押登记办法》第十二条第二款所列情形并且尚未消除的，或者发现其他应当撤销专利权质押登记的情形的，应当撤销专利权质押登记，并向当事人发出《专利权质押登记撤销通知书》。专利权质押登记被撤销的，质押登记的效力自始无效。

国家知识产权局在专利公报上公告专利权质押登记的下列内容：出质人、质权人、主分类号、专利号、授权公告日、质押登记日等。专利权质押登记后变更、注销的，国家知识产权局予以登记和公告。

3. 专利质押登记的变更

专利权质押期间，当事人的姓名或者名称、地址、被担保的主债权种类及数额或者质押担保的范围发生变更的，当事人应当自变更之日起30日内持变更协议、原《专利权质押登记通知书》和其他有关文件，向国家知识产权局办理专利权质押登记变更手续。

4. 专利质押登记的注销

有下列情形之一的，当事人应当持《专利权质押登记通知书》和相关证明文件，向国家知识产权局提出办理质押登记注销手续：①债务人按期履行债务或者出质人提前清偿所担保的债务的。②质权已经实现的。③质权人放弃质权的。④因主合同无效、被撤销致使质押合同无效、被撤销的。⑤法律规定质权消灭的其他情形。国家知识产权局收到注销登记申请后，经审核，向当事人发出《专利权质押登记注销通知书》。专利权质押登记的效力自注销之日起终止。

5. 其他

专利权质押期间，出质人未提交质权人同意其放弃该专利权的证明材料的，国家知识产权局不予办理专利权放弃手续。

专利权质押期间，出质人未提交质权人同意转让或者许可实施该专利权的证明材料的，国家知识产权局不予办理专利权转让登记手续或者专利实施合同备案手续。出质人转让或者许可他人实施出质的专利权的，出质人所得的转让费、许可费应当向质权人提前清偿债务或者提存。

专利权在质押期间被宣告无效或者终止的，国家知识产权局应当通知质权人。专利权人没有按照规定缴纳已经质押的专利权的年费的，国家知识产权局应当在向专利权人发出缴费通知书的同时通知质权人。

（二）著作权质押

著作权人可以著作权以及与著作权有关权利中的财产权出质。2010年10月国家版权局通过了《著作权质权登记办法》，对著作权出质行为进行规范。按照该办法，国家版权局负责著作权质权登记工作。

1. 著作权质权合同

以著作权出质的，出质人和质权人应当订立书面质权合同，并由双方共同向登记机构办理著作权质权登记。出质人和质权人可以自行办理，也可以委托代理人办理。著作权质权合同一般包括以下内容：①出质人和质权人的基本信息。②被担保债权的种类和数额。③债务人履行债务的期限。④出质著作权的内容和保护期。⑤质权担保的范围和期限。⑥当事人约定的其他事项。

2. 著作权质权登记

申请著作权质权登记的，应提交下列文件：①著作权质权登记申请表。②出质人和质权人的身份证明。③主合同和著作权质权合同。④委托代理人办理的，提交委托书和受托人的身份证明。⑤以共有的著作权出质的，提交共有人同意出质的书面文件。⑥出质前授权他人使用的，提交授权合同。⑦出质的著作权经过价值评估的、质权人要求价值评估的或相关法律法规要求价值评估的，提交有效的价值评估报告。⑧其他需要提供的材料。登记机构办理著作权质权登记前，申请人可以撤回登记申请。

经审查符合要求的，登记机构应当自受理之日起 10 日内予以登记，并向出质人和质权人发放《著作权质权登记证书》。经审查不符合要求的，登记机构应当自受理之日起 10 日内通知申请人补正。补正通知书应载明补正事项和合理的补正期限。无正当理由逾期不补正的，视为撤回申请。

《著作权质权登记证书》的内容包括：①出质人和质权人的基本信息。②出质著作权的基本信息。③著作权质权登记号。④登记日期。《著作权质权登记证书》应当标明著作权质权自登记之日起设立。《著作权质权登记证书》灭失或者毁损的，可以向登记机构申请补发或换发。登记机构应自收到申请之日起 5 日内予以补发或换发。

有下列情形之一的，登记机构不予登记：①出质人不是著作权人的。②合同违反法律法规强制性规定的。③出质著作权的保护期届满的。④债务人履行债务的期限超过著作权保护期的。⑤出质著作权存在权属争议的。⑥其他不符合出质条件的。

（1）著作权质权登记的变更

著作权出质期间，申请人的基本信息、著作权的基本信息、担保的债权种类及数额，或者担保的范围等事项发生变更的，申请人持变更协议、原《著作权质权登记证书》和其他相关材料向登记机构申请变更登记。申请变更登记的，登记机构自受理之日起 10 日内完成审查。经审查符合要求的，对变更事项予以登记。变更事项涉及证书内容变更的，应交回原登记证书，由登记机构发放新的证书。

（2）著作权质权登记的撤销

有下列情形之一的，登记机构应当撤销质权登记：①登记后发现有

《专利权质押登记办法》第十二条所列情形的。②根据司法机关、仲裁机关或行政管理机关做出的影响质权效力的生效裁决或行政处罚决定书应当撤销的。③著作权质权合同无效或者被撤销的。④申请人提供虚假文件或者以其他手段骗取著作权质权登记的。⑤其他应当撤销的。

（3）著作权质权登记的注销

有下列情形之一的，申请人应当申请注销质权登记：①出质人和质权人协商一致同意注销的。②主合同履行完毕的。③质权实现的。④质权人放弃质权的。⑤其他导致质权消灭的。申请注销质权登记的，应当提交注销登记申请书、注销登记证明、申请人身份证明等材料，并交回原《著作权质权登记证书》。登记机构应当自受理之日起10日内办理完毕，并发放《著作权质权注销登记通知书》。

（4）其他

著作权出质期间，未经质权人同意，出质人不得转让或者许可他人使用已经出质的权利。出质人转让或者许可他人使用出质的权利所得的价款，应当向质权人提前清偿债务或者提存。

（三）知识产权质押相关政策

2012年1月，全国知识产权局局长会议提出，国家知识产权局要加强知识产权质押融资公共服务，建立知识产权质押融资需求动态调查机制。搭建银行投行、私募创投和社会资金与自主知识产权项目的对接平台。

2013年8月，国务院办公厅印发《关于金融支持小微企业发展的实施意见》，表示要积极开展知识产权质押等贷款业务。

2014年10月，国家知识产权局发布《关于知识产权支持小微企业发展的若干意见》，强调要加强与商业银行的知识产权金融服务战略合作，进一步推动开发符合小微企业创新特点的知识产权金融产品，引导各类金融机构为小微企业提供知识产权金融服务。鼓励建立小微企业信贷风险补偿基金，对知识产权质押贷款提供重点支持。

2014年12月，财政部、国家知识产权局发布《关于开展以市场化方式促进知识产权运营服务工作的通知》。随后，在2015年决定投入2亿元支持辽宁、山东、广东、四川等4个省份设立专利质押融资风险补偿基金，对专利质押融资贷款进行风险补偿，防范化解知识产权质押贷款风险，充分调动各类金融机构的积极性。

2015年3月，国家知识产权局发布《关于进一步推动知识产权金融服务工作的意见》，明确提出要加强知识产权金融服务能力建设、强化知识产权金融服务工作保障机制，力争到2020年，全国专利权质押融资金额超过1000亿元。自此，掀起了全国性的知识产权金融服务工作热潮，随后几年，全国各省和大部分市都出台了相应的知识产权金融工作意见，并设置了高额的贴息或者风险补偿。此后一系列的中央及有关部委涉及知识产权的文件，都会提到知识产权金融。

2015年9月，国家知识产权局等五部委印发《关于进一步加强知识产权运用和保护助力创新创业的意见》，要求"支持互联网知识产权金融发展……完善知识产权估值、质押、流转体系，推进知识产权质押融资服务实现普遍化、常态化和规模化，引导银行与投资机构开展投贷联动，积极探索专利许可收益权质押融资等新模式，积极协助符合条件的创新创业者办理知识产权质押贷款。"

2015年12月，《国务院关于新形势下加快知识产权强国建设的若干意见》要求深入开展知识产权质押融资风险补偿基金试点。

2016年12月，国务院印发《"十三五"国家知识产权保护和运用规划》，明确提出："到2020年，年度知识产权质押融资金额达到1800亿元。"

2017年9月，《国务院办公厅关于推广支持创新相关改革举措的通知》将"贷款、保险、财政风险补偿捆绑的专利权质押融资服务"列为科技金融创新方面的3项举措之一。同月发布的《国家技术转移体系建设方案》，要求"开展知识产权证券化融资试点，鼓励商业银行开展知识产权质押贷款业务"。

2018年9月，《国务院关于推动创新创业高质量发展打造"双创"升级版的意见》提出"建立完善知识产权评估和风险控制体系，鼓励金融机构探索开展知识产权质押融资"。

2018年11月，中共中央总书记、国家主席、中央军委主席习近平在民营企业座谈会上发表重要讲话时强调，"加强对各种所有制经济组织和自然人财产权的保护""要扩大金融市场准入，拓宽民营企业融资途径，发挥民营银行、小额贷款公司、风险投资、股权和债权等融资渠道作用。"有关部门正在加紧制定相关政策措施，确保通过知识产权、金融等多种渠道保障民营企业和中小微企业的权益和持久健康发展。

延伸阅读

深圳市知识产权质押相关政策动态

《深圳经济特区科技创新条例》规定了知识产权质押融资制度，支持金融机构开展知识产权质押融资业务，建立知识产权质押融资风险补偿机制。

相关条文如下：

第六十六条［知识产权质押融资］市、区人民政府可以建立知识产权质押融资风险补偿机制，设立知识产权质押融资坏账补偿和贴息专项资金，支持金融机构开展知识产权质押融资业务。

企业以知识产权开展质押融资，符合条件的，可以由财政资金给予贴息贴保。

三、知识产权证券化

（一）知识产权证券化的概念

20世纪70年代资产证券化在美国诞生，给传统的金融理论和实践带来革命。基于其深刻的创新内涵，资产证券化从范围到交易金额都获得长足发展，是20世纪后30多年发展最快、影响最大的金融创新。而在知识经济发展的有效推动下，知识产权证券化也应运而生。

知识产权证券化通常定义为：发起机构（通常为创新型企业）将所拥有的知识产权或其他衍生债权（如授权的权利金）移转到特设载体，再由此特设载体以该等资产作担保，经过重新包装、信用评级和信用增强后，发行在市场上可流通的证券，借以为发起机构进行融资的金融操作。

从操作的角度来看，在知识产权证券化中，常见参与的主要是知识产权的授权方、被授权方、特设载体和投资人等四方。授权方通常是证券化的发起人，他把将来某一时段中可向被授权方收取的权利金（将来债权）一次性地转让给特设载体，然后由特设载体透过证券化操作，向投资人发行证券。特设载体将来在陆续收到权利金时，便根据约定扣除相关成本，余额以证券本息的形式向投资人按证券所记载的条件发放。

然而，自1997年第一宗知识产权证券化案例以来，知识产权证券化的发行模式、法律架构以及涉及资产等方面，都不断地在市场的驱动下求新求变，至今已经很难以单一的定义涵盖所有的知识产权证券化交易。特别是21世纪以来，知识产权证券化吸收资产证券化的经验，融入了更多创新元素。在此潮流下，美国证监会在2004年提出的一份草案中，尝试将资产支持证券定义为："一种主要由明确的资产池所产生现金流来偿付的证券，证券还代表了任何用以确保证券持有人及时获得支付或利益分配的任何权利或其他资产。资产池可以是固定的或循环性的，而其组成是在一定期限内根据相关条件会转换成现金的应收账款或其他金融资产。"此定义或许也能适用于知识产权证券化，而其中的不同之处则在于该定义中提到的资产池，主要是由知识产权和其衍生的权益所构成的。

从美国的经验来看，即便资产证券化证券已经成为普及的金融商品也无法对其进行准确的定义，可见证券化与发行架构在快速演化和不断创新，尝试对这种交易制度做出恰当完整的描述并不容易。知识产权证券化的实质是一种基于知识产权的结构性融资，是随着金融对社会经济的不断渗透，现代技术创新已经发展到技术金融一体化阶段的重要表现，是世界经济发展到知识经济阶段资产证券化的一种创新探索。知识产权证券化的目的在于通过金融安排最大限度地开发知识产权，充分利用其担保价值。因此，知识产权证券化作为知识产权开发运营模式的创新，对知识产权发展及其制度完善具有重要意义。

（二）知识产权证券化相关政策

2015年是我国知识产权证券化的"政策元年"。2015年3月13日，《中共中央国务院关于深化体制机制改革加快实施创新驱动发展战略的若干意见》要求推动修订相关法律法规，探索开展知识产权证券化业务。这是中央文件中首次正式提及知识产权证券化。

此后，知识产权证券化不断被关注。2015年3月30日，国家知识产权局发布《关于进一步推动知识产权金融服务工作的意见》，要求加快促进知识产权与金融资源融合，推动知识产权金融产品创新，鼓励金融机构开展知识产权资产证券化，发行企业知识产权集合债券，探索专利许可收益权质押融资模式等，为市场主体提供多样化的知识产权金融服务。这是我国全方位鼓励并支持知识产权融资的一个十分重要的政策文件。2015年5月，中共上海市委、上海市人民政府发布《关于加快建设具有全球影响力的科技创新中心的意见》，指出要探索知识产权资本化交易，争取国家将专利质押登记权下放至上海,探索建立专业化、市场化、国际化的知识产权交易机构,逐步开展知识产权证券化交易试点。2015 年 12 月,国务院发布《国务院关于新形势下加快知识产权强国建设的若干意见》;2016 年 4 月,国务院发布《促进科技成果转移转化行动方案》;2016 年 12 月,国务院发布《"十三五"国家知识产权保护和运用规划》;2017 年 9 月,国务院发布《国家技术转移体系建设方案》;2018 年 4 月,中共中央、国务院发布《中共中央　国务院关于支持海南全面深化改革开放的指导意见》。这些指导意见和方案等,都明确提出支持知识产权证券化发展。

(三)知识产权证券化的特点

知识产权证券化与传统资产证券化如应收账款证券化、住房抵押贷款证券化等比较,具有其特殊性。主要表现在以下三个方面:

第一,相对于传统基础资产单一、简单的权利人而言,知识产权证券化基础资产上的权利人及其法律关系相对复杂。如专利可能存在共同发明人,可能含有得到合法授权的在先专利;商标可能已授权给其他主体从而导致商标权利人多元化;版权存在个人作品、职务作品问题乃至继承人继承权问题;电影放映权则涉及剧本作者、主题音乐作者等相关权利人授权问题。这样,知识产权证券化基础资产的权利主体及其各自权利的全面明晰界定,就成为必经程序,也成为一个难点。

第二,转移至特设载体的资产与传统资产项目不同。由于知识产权的特殊性,通常其本身不会独立带来未来收益,而必须与其他有形资产甚至无形资产相结合,才能实现商业运营、产生收益。因此,在知识产权证券化中,基础资产以知识产权为主,但通常并不局限于知识产权本身,往往延伸到相关必要无形或有形资产。如就某项专利证券化而言,相关必要生产设备等有形资产一般也会纳入基础资产范围。

第三，就其过程而言，由于知识产权自身特点，导致知识产权证券化难度增大。知识产权固有的依附性、时间性、地域性、可复制性、不稳定性和无形性等特点，导致其收益现金稳定性降低，不确定性增大。未经专业制度安排，投资风险难以降低到满意程度，难以吸引到足够的投资者。这对知识产权证券化整个制度的系统设计提出了更高的创新要求。

（四）知识产权证券化的结构与流程

知识产权证券化本身是一个复杂的金融操作，同时，知识产权种类众多、特性各异，每个知识产权证券化项目都有其特殊之处，甚至同一类知识产权的证券化安排都有所不同。因而，此处仅探讨知识产权证券化具有共性的结构、规则与程序。

1. 知识产权证券化的基本结构

通常，知识产权资产证券化过程牵涉甚广，除了知识产权市场发育状况、外部政策法律完备性，各专业机构分工合作是成功与否的关键。在证券化过程中，需有各种机构的参与以担任不同职能。知识产权证券化主要参与的专业机构（人）包括发起人、特设载体、信用评级机构、信用增强机构、托管人、商业银行、券商、证券投资者、律师事务所、会计师事务所等。知识产权证券化的基本参与主体及其交易结构如图所示。

该图揭示了资产证券化的基本交易结构，即在投资银行、法律、会计及税务机构的专业安排下，发起人将知识产权组合，转让出售给特设载体；特设载体通过信用增级使其受让的知识产权资产信用级别得以提升，并维持在一定投资级别水平；然后通过承销商，以知识产权资产为基础向投资者发行证券。特设载体用发行证券筹集的资金，支付发起人转移知识产权资产的对价；用受让的知识产权运营管理产生的收入向证券投资者支付证券本息。

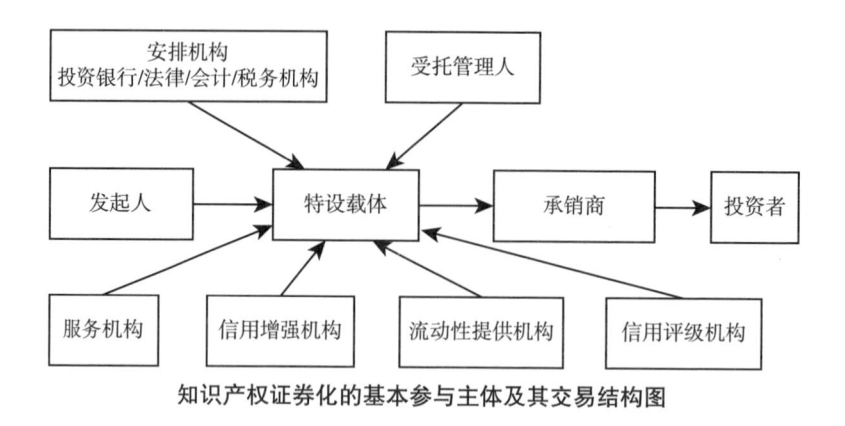

知识产权证券化的基本参与主体及其交易结构图

2. 知识产权证券化的基本程序

知识产权证券化主要包括以下基本程序：

第一，确定资产证券化目标，组成知识产权资产池。发起人首先要分析自身融资需求，确定证券化目标；然后，对自己拥有的能够产生未来现金流的知识产权进行清理、估算考核，根据证券化目标确定将哪些知识产权用于证券化；最后，把这些知识产权组合，形成一个资产池。

第二，组建特设载体，实现真实出售。特设载体成立之后，与发起人签订买卖合同，发起人将资产池中的资产过户给特设载体。这一交易必须以真实交易方式进行。且买卖合同中应明确规定：一旦发起人破产清算，知识产权资产池不列入清算范围，从而达到"破产隔离"的目的，使得知识产权资产池的质量与发起人自身信用水平分割开来，投资者对资产支持证券的投资环境不会受到发起人信用风险的影响。特设载体是证券化的核心，可以以公司形式、有限合伙形式或者通过信托契约来建立。

第三，完善交易结构，进行内部评级。特设载体要与发起人指定的中介机构签订服务合同，与发起人一起确定托管银行并签订托管合同，与银行达成必要时提供流动性支持的周转协议，与证券承销商达成承销协议，以完善交易结构。然后请信用评级机构对这个交易结构及设计的知识产权支持证券进行内部评级。一般而言，若此时内部评级结果并不理想，较难吸引投资者。

第四，信用增级。为改善发行条件，特设载体必须提高知识产权支持证券的信用等级。信用增级方式有三种：一是破产隔离，即通过剔除发起人破产风险对投资收益的影响，提高知识产权支持证券信用等级。二是划分优先证券和次级证券，使优先证券清付本息先于次级证券，即清付优先证券本息后，再对次级证券还本。这样降低了优先证券风险，提高了它的信用等级。三是金融担保，即特设载体向信用级别很高的专业金融担保公司办理金融担保，由担保公司向投资者保证特设载体将按期履行还本付息义务。这样，可将知识产权支持证券信用提升到金融担保公司的信用级别。

第五，进行发行评级、安排证券销售。信用增级后，特设载体请信用评级机构对资产支持证券进行正式的发行评级，将评级结果向投资者公告，由证券承销商负责向投资者销售资产支持证券。这时知识产权支持证券已具备了较好的信用等级，能够以较好的发行条件出售。

第六，安排证券销售，向发起人支付购买价格。在信用提高和评级结果向投资者公布之后，由投资银行采用包销或代销方式向投资者销售证券。特设载体从投资银行处获取证券发行收入，再按知识产权买卖合同中规定的价格，把发行收入的大部分支付给发起人。至此，发起人通过知识产权筹资的目的已经达到。

第七，实施资产管理，建立投资者应收积累金。发起人指定一个资产管理公司或自己对知识产权资产池进行管理，负责收取、记录由资产池产生的现金收入，并把这些收入全部存入托管银行的收款专用账户。托管银行按约定建立积累金，准备专门用于向特设载体和投资者还本付息。

第八，按期还本付息，对聘用机构付费。按照规定的期限，托管银行将积累投入付款账户，对投资者付息还本，向聘用的各类机构支付专业费用。由资产池产生的收入还本付息、支付各项费用之后，若有剩余则全部退还给发起人。至此，整个知识产权证券化过程即告完成。

（五）知识产权证券化的类型与实践案例

从实践上来看，截至目前，市场上的知识产权证券化产品已经发行 7 单，另外还有 2 单 80 亿元储架产品。

知识产权证券化产品一览表

序号	名称	原始权益人/发起机构	金额（亿元）	发行时间
1	文科租赁一期资产支持专项计划	北京市文化科技融资租赁股份有限公司	7.66	2015年12月30日
2	文科租赁二期资产支持专项计划	北京市文化科技融资租赁股份有限公司	4.48	2017年9月12日
3	文科租赁三期资产支持专项计划	北京市文化科技融资租赁股份有限公司	8.39	2018年3月12日
4	奇艺世纪知识产权供应链金融资产支持专项计划	天津聚量商业保理有限公司	4.70	2018年12月24日
5	北京市文化科技融资租赁股份有限公司2019年度第一期资产支持票据	北京市文化科技融资租赁股份有限公司	7.70	2019年1月28日
6	第一创业—文科租赁一期资产支持专项计划	北京市文化科技融资租赁股份有限公司	7.33	2019年3月28日
7	兴业圆融—广州开发区专利许可资产支持专项计划	广州凯得融资租赁有限公司	3.01	2019年9月11日
8	第一创业－首创证券—文科租赁1-5期资产支持专项计划	北京市文化科技融资租赁股份有限公司	30.00	—
9	中信证券—爱奇艺知识产权供应链金融资产支持专项计划1-15期	深圳市前海一方赢盛商业保理有限公司	50.00	—

就市场上已发行的几单知识产权证券化的交易模式而言，主要可以分为三类，分别是融资租赁模式、供应链保理融资模式，以及专利许可授权模式。三种模式的交易结构及法律关系如下：

1. 融资租赁模式：以"文科一期ABS"为例

（1）融资租赁模式的交易结构

文科一期ABS（"第一创业—文科租赁一期资产支持专项计划"）产品采用了融资租赁模式，即由底层的知识产权所有人（承租人）将享有的知识产权转让给文科租赁（发起机构），再由文科租赁回租给承租人，回租形式为发放租赁贷款，这样就将现金流稳定性不明确的知识产权转变为租赁公司对承租人的债权。债权相比于知识产权的收益权，其现金流更具特定性和稳定性。

融资租赁模式的交易结构如下：①认购人通过与管理人签订《认购协议》，将认购资金以专项资产管理方式委托管理人管理，管理人设立并管理专项计划，认购人取得资产支持证券，成为资产支持证券持有人。②管理人根据与原始权益人签订的《资产买卖协议》的约定，将专项计划资金用于向原始权益人购买基础资产。③资产服务机构根据《服务协议》的约定，负责基础资产对应的应收租金的回收和催收，以及违约资产处置等基础资产管理工作。资产服务机构在收入归集日将基础资产产生的现金流划入监管账户。④监管银行根据《监管协议》的约定，在回收款转付日依照资产服务机构的指令将基础资产产生的现金流划入专项计划账户，由托管人根据《托管协议》对专项计划资产进行托管。⑤当发生任一第一差额支付启动事件/第二差额支付启动事件时，第一差额支付承诺人/第二差额支付承诺人根据《第一差额支付承诺函》/《第二差额支付承诺函》将差额资金划入专项计划账户。⑥管理人根据《计划说明书》及相关文件的约定，向托管人发出分配指令，托管人根据分配指令，进行专项计划费用的提取和资金划付，并将相应资金划拨至登记托管机构的指定账户用于支付资产支持证券本金和预期收益。

具体交易结构图如下：

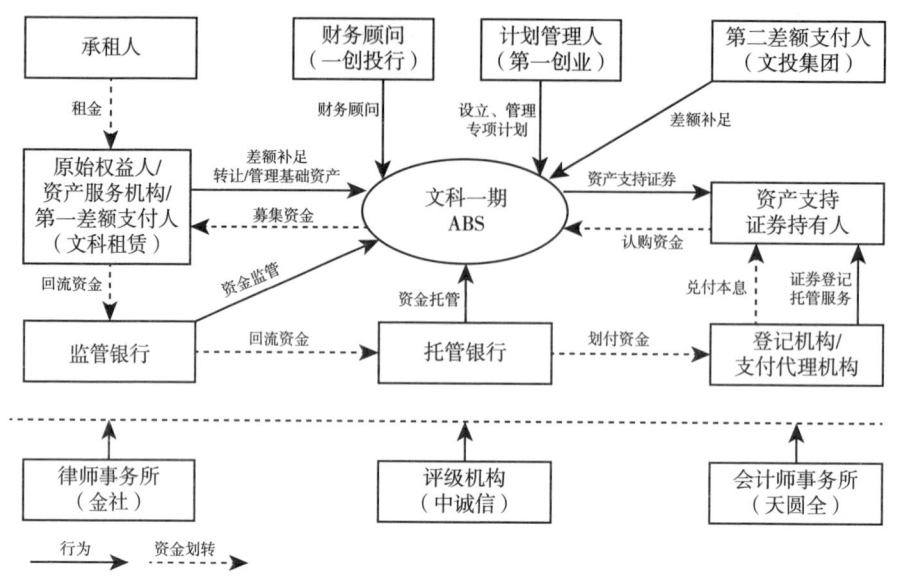

融资租赁模式的交易结构图：文科一期 ABS

（2）增信措施

专项计划安排了优先/次级分层、差额支付承诺（文科租赁第一差额支付承诺、文投集团第二差额支付承诺）、回收款转付机制、保证金转付机制以及信用触发机制。

（3）文科租赁 ABS 的特殊性

仅从文科一期 ABS 的交易结构看，本质上就是一个非常典型的融资租赁债权 ABS 产品的交易结构，且融资租赁模式均为售后回租模式。其特殊之处在于，文科租赁打包转让融资租赁资产的融资标的物为无形资产，分别为专利权 8 笔及商标权 2 笔，即底层的承租人将自己享有的版权、专利权或商标权转让给融资租赁公司，再由融资租赁公司回租给承租人，形成稳定的、特定的现金流。

资产池分类统计情况（按租赁物细分类型）：

资产池分类统计情况表

租赁物细分类型	未偿本金余额（万元）	占比（%）	合同笔数	占比（%）
专利权	18811.02	25.65	2	20.00
商标权	54520.22	74.35	8	80.00
合计	73331.24	100.00	10	100.00

2. 供应链保理融资模式：以"奇艺ABS"为例

"奇艺ABS"（爱奇艺知识产权供应链金融资产支持专项计划）中所采用的另一种交易模式——供应链保理融资模式则更具有操作性和复制性。在"奇艺ABS"中，首先，知识产权供应商（电影公司）通过向奇艺世纪公司（债务人）提供知识产权服务进而对奇艺世纪公司享有应收账款债权，该版权服务中包括各种类型的影视作品和节目。聚量保理公司（原始权益人）接受知识产权供应商的委托，通过保理受让上游企业大量长期的应收账款债权。然后，信达证券（管理人）利用从投资者处募集的资金去购买聚量保理所持有的应收账款债权，该应收账款债权及相关的附属权利构成了"奇艺ABS"中的基础资产。

供应链保理融资模式的交易结构如下：①供应商/债权人因向核心债务人（北京奇艺世纪科技有限公司）提供境内货物买卖/服务贸易或知识产权服务（包括但不限于电影、电视剧和综艺节目的版权服务）等而对核心债务人享有应收账款债权。②原始权益人与供应商/债权人签订《公开型无追索权国内保理合同》，聚量保理根据债权人的委托，就债权人对奇艺世纪享有的应收账款债权提供保理服务，并受让该等的应收账款债权。经债权人同意，该等债权可由原始权益人转让专项计划。③管理人通过设立专项计划向资产支持证券投资者募集资金，与原始权益人签订《基础资产买卖协议》，并运用专项计划募集资金购买原始权益人从债权人受让的前述应收账款债权，同时代表专项计划按照专项计划文件的约定对专项计划资产进行管理、运用和处分。④管理人与资产服务机构签订《服务协议》，委托原始权益人作为资产服务机构，为专项计划提供基础资产管理服务，包括但不限于基础资产筛选、基础资产文件保管、基础资产池监控、基础资产债权清收、配合基础资产回收资金归集等。⑤管理人与招商银行北京分行签订《托管协议》，聘请招商银行北京分行作为专项计划的托管人，由托管人开立专项计划账户，对专项计划资金进行保管。⑥差额支付对专项计划资金不足以支付优先级资产支持证券预期收益和/或本金的差额部分承担补足义务。

具体交易结构图如下：

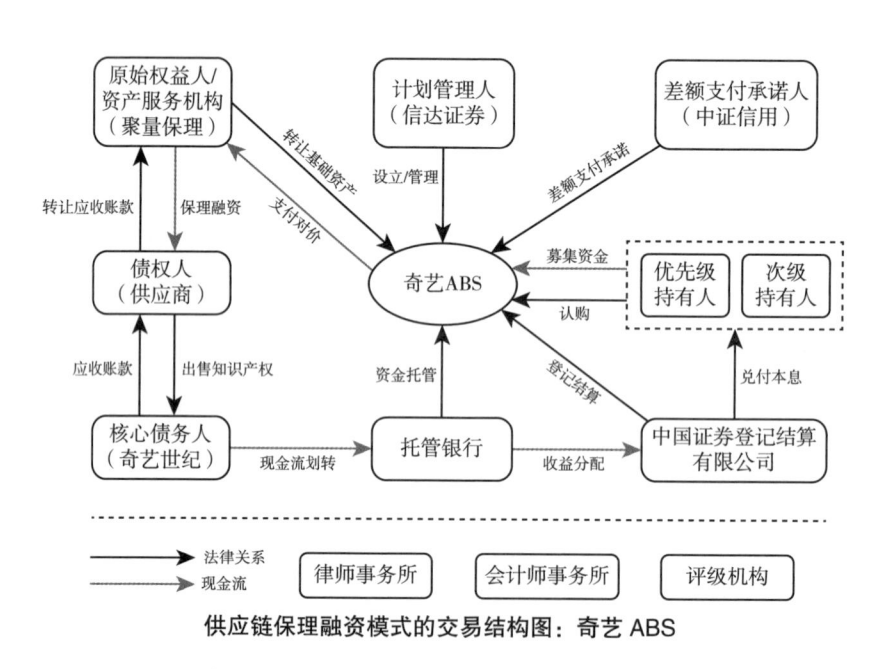

供应链保理融资模式的交易结构图：奇艺 ABS

该证券化产品与多数供应链 ABS 不同之处在于债务人只有奇艺世纪，不存在核心企业进行债务加入的情形，故结构方面较地产企业供应链 ABS 更为简洁。爱奇艺是首单套用反向保理的供应链模式的知识产权 ABS 产品。从可复制性而言，如果某个企业对上游供应商存在大量长期应付的版权许可费、专利许可费或商标许可费的核心企业（如爱奇艺），再提供适当的增信，就可通过供应链模式将该等基于知识产权许可使用的应付账款作为基础资产发行 ABS 产品。

相比融资租赁模式的知识产权 ABS 而言，供应链模式的知识产权 ABS 无论在法律上还是实操上都更具有可操作性和可复制性。在知识产权证券化中，只要能够找到上游存在大量应付的知识产权许可费的企业（如奇艺公司），便可以通过保理公司进行融资的方式将这些应收账款发行资产证券化产品。此外，将知识产权收益权转变为应收账款的债权发行 ABS 产品，可以大大增强现金流的稳定性。近年来，随着国务院出台了一系列的指导意见，上下游的中小微企业也逐渐开始使用供应链保理融资模式拓宽融资渠道。基于供应链保理融资模式的特点，在知识产权证券化中，该模式能够较好地满足科技型中小微企业的投融资需求。

3. 专利许可授权模式：以"凯得融资租赁专利许可"为例

（1）专利许可授权模式的交易结构

专利许可授权模式的交易结构如下：①认购人通过与计划管理人签订《认购协议》，将认购资金以专项资产管理方式委托计划管理人管理，计划管理人设立并管理专项计划，认购人取得资产支持证券，成为资产支持证券持有人。②计划管理人根据与原始权益人签订的《资产买卖协议》的约定，将专项计划资金用于向原始权益人购买基础资产，即基础资产清单所列的由原始权益人在专项计划设立日转让给计划管理人的、原始权益人依据专利许可合同自基准日（含该日）起对专利客户享有的专利许可使用费支付请求权、损失赔偿请求权、其他权利（如有）及附属担保权益。③资产服务机构根据《服务协议》的约定，负责基础资产对应的专利许可使用费的回收和催收，以及违约资产处置等基础资产管理工作。④资产服务机构按照《服务协议》的约定，在回收款转付日将其划入专项计划托管账户，由托管银行根据《托管协议》对专项计划资产进行托管。⑤计划管理人根据《计划说明书》及相关文件的约定，向托管银行发出分配指令，托管银行根据分配指令，将相应资金划拨至登记托管机构的指定账户用于支付资产支持证券本金和预期收益。

具体交易结构图如下：

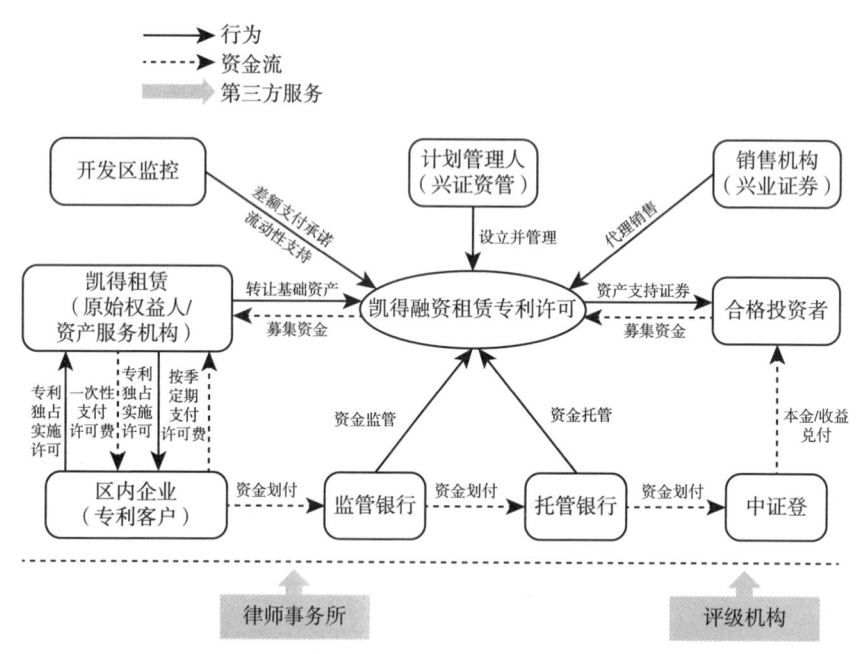

专利许可授权模式的交易结构图：凯得融资租赁专利许可

（2）基础资产业务模式

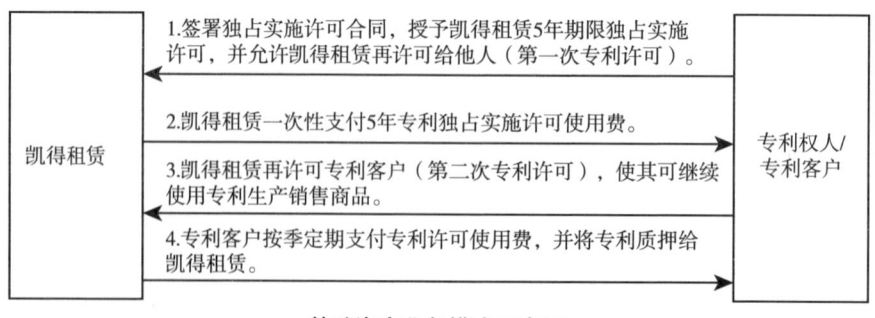

基础资产业务模式示意图

凯得租赁 ↔ 专利权人/专利客户：
1. 签署独占实施许可合同，授予凯得租赁5年期限独占实施许可，并允许凯得租赁再许可给他人（第一次专利许可）。
2. 凯得租赁一次性支付5年专利独占实施许可使用费。
3. 凯得租赁再许可专利客户（第二次专利许可），使其可继续使用专利生产销售商品。
4. 专利客户按季定期支付专利许可使用费，并将专利质押给凯得租赁。

1）第一次专利许可专利权人（作为许可方）与凯得租赁（作为被许可方）拟签署《专利独占许可协议》（简称"第一次专利许可合同"）。在第一次专利许可合同项下，专利权人作为许可方，以独占许可专利的方式，将特定专利授予凯得租赁（作为被许可方）实施专利，凯得租赁相应取得特定专利的约定权益及再许可权利，并根据第一次专利许可合同的约定，一次性向专利权人支付第一次专利许可对应的专利许可使用费。

2）第二次专利许可基于第一次专利许可合同取得特定专利的约定权益及再许可权利，凯得租赁（作为许可方）与专利客户（作为被许可方）拟签署《专利独占许可协议》（简称"第二次专利许可合同"）。在第二次专利许可合同项下，凯得租赁（作为许可方）基于其根据第一次专利许可合同而取得的对特定专利享有的权益及再许可权利，以独占许可专利的方式，将特定专利授予专利客户（作为被许可方）实施专利，专利客户相应取得基于该等特定专利生产专利产品的权利，并根据第二次专利许可合同的约定，按季度向专利权人支付第二次专利许可对应的专利许可使用费。针对第二次专利许可，为担保专利客户履行第二次专利许可合同项下专利许可使用费支付义务（简称"主债务"），凯得租赁分别与特定的保证人、出质人签署相应的保证合同、质押合同，为专利客户履行主债务提供保证担保、质押担保。该等附属担保权益亦构成基础资产项下权益。

简言之，专利权人以独占许可专利的方式，将其持有的特定专利授权于原始权益人凯得租赁后反授权给专利权人，专利权人一次性获得专利许可使用费实现融资。

从基础资产业务模式和专项计划交易结构看，在"科技企业—凯得租赁—开发区金控"的交易架构下，将强主体的国有企业信用嵌入交易结构中，信用从 AAA 国有主体传递至实际融资的民营企业，使得民营企业突破自身信用的局限，从资本市场上获得债权性融资。虽然说这是一种新的交易模式，但是与融资租赁模式相比，似乎"换汤不换药"。

（3）法律适格性论证

与融资租赁（售后回租）模式下专利权先转让后回租不同，专利许可授权和反授权模式采用了专利独占许可的方式。在该项目中，金杜律师事务所就"原始权益人及资产服务机构的相关业务资质及法律法规依据"论证如下：

就凯得租赁开展与基础资产相关的业务而言，法律未对专利实施许可的被许可人资质以及再许可的许可人的资质予以要求或规定，亦未将企业"接受专利实施许可"或"再许可第三方专利实施"的行为列为限制经营或特许经营的范畴。因此，法律并未禁止融资租赁公司作为主体接受专利独占实施许可，并基于该专利独占实施许可进行再许可。此外，根据《最高人民法院关于适用〈中华人民共和国合同法〉若干问题的解释（一）》第十条的规定，"当事人超越经营范围订立合同，人民法院不因此认定合同无效。但违反国家限制经营、特许经营以及法律、行政法规禁止经营规定的除外"。因此，融资租赁公司签署的专利实施许可相关合同并不会因为其超越经营范围而被认定为无效。凯得租赁作为本专项计划资产服务机构无须专门资质。

（4）增信措施

专项计划安排了优先级/次级产品结构化分层、超额现金流覆盖，风险金、开发区金控差额支付承诺、开发区金控流动性支持，以及权利完善事件、违约事件和提前终止事件等内部信用触发机制，作为信用增级措施。其中，风险金系指专利客户为担保第二次专利许可合同项下专利许可使用费支付义务的履行而根据第二次专利许可合同的约定向原始权益人支付的风险金。在专利许可合同履行期间，如果发生专利客户未能按期支付专利许可使用费等事项时，资产服务机构有权在风险金中扣除相应部分抵作专利许可使用费，该部分资金应作为基础资产回收款于回收款转付日直接划入专项计划账户。同时，专利客户有义务向资产服务机构补足相应风险金数额并承担相应利息。

（六）知识产权证券化的意义

就宏观层面而言，作为在知识产权开发模式与融资模式的双重创新，知识产权证券化对于一国知识产权产业深化发展具有重要意义。知识产权及其制度是促进人类经济发展、社会进步、科技创新、文化繁荣的重要因素与基本制度。随着世界科学技术的迅猛发展和经济全球化进程的加快，知识产权制度在经济和社会生活中的地位得到历史性提升。但正如诺贝尔经济学奖获得者萨缪尔森所指出的，"没有理论上的理由说明技术创新为什么一定会保持很高的水平……并没有经济的或技术的理由断定未来一定会继续前一世纪强劲增长的历程"，即知识产权发展需要一个良好的支持性制度安排，否则就可能停滞不前。知识产权证券化使金融业配合知识产权的产业需求，进一步开发了知识产权的商业价值，拓宽了知识产权开发利用及投资渠道，完善了其机制。在美国等发达国家已经开始积极确立并实施知识产权国家战略的竞争态势下，知识产权证券化对于我国知识产权产业发展及其竞争实力增强，具有十分重要的现实意义。

就微观层面而言，知识产权证券化对于各参与主体都具有诸多合理性和优势。对发起人而言，通过知识产权证券化，可将本来需要数年才能实现的知识产权收益在当期提现，改善现金流状况，提高资金周转率；可以利用所得现金进行后续研发，推进市场发展。同时，由于知识产权证券化为债权融资且为无追索权债券的法律规定，其对发起人对知识产权的产权权益没有影响，从而实质上成为一种知识产权未来收益的保险单。对购买者而言，知识产权证券化为其提供了新的投资对象。购买者通常以很低的折扣一次性付款购买知识产权支持发行的证券，这可能给其带来巨额收益。同时，知识产权证券的市场流动性使得购买者可以在需要时进行变现，且证券化的知识产权可以在购买者公司破产时免于列入清算资产。对投资银行等中介机构而言，知识产权证券化为其开创一个空间巨大的新业务领域。通过知识产权证券化结构设计与优化、价值评估、资信评级、合同条款准备等专业服务的发展与提供，可以获得相应的业务收入。

延伸阅读

深圳市知识产权证券化相关政策动态

《深圳经济特区科技创新条例》（简称《条例》）规定了知识产权证券化。《条例》落实《先行示范区意见》要求，规定了知识产权证券制度，推进以知识产权运营未来收益权为底层资产发行知识产权证券化产品。

相关条文如下：

第六十七条［知识产权证券化］推动知识产权证券化，推进以知识产权运营未来收益权为底层资产发行知识产权证券化产品。企业成功发行知识产权证券化产品的，市、区人民政府可以给予适当补贴。

证券化产品中的知识产权许可在税收管理中视为融资行为。

四、科创企业的融资

科创企业，是聘用科学技术人员，利用技术知识进行高技术产品经营的创新型企业。近年来，由于得到国家有关政策支持，科创企业发展迅速，企业数量、资产规模、经济效益和创新投入、产出等方面均有大幅提升，为经济增长、区域发展、产业结构调整，以及创新型国家建设等做出了巨大贡献。但是随着外部环境不确定性增强，竞争日益激烈，且科创企业规模较小、偿债能力相比大中型企业更弱，传统的商业银行为了规避风险，控制不良贷款率，在对科创型企业进行授信时显得更为谨慎。这使得融资难、融资贵等问题成为科创企业实现可持续发展的最大阻碍。中国人民银行行长易纲在一次采访中指出，在美国，科创企业的平均寿命为 8 年左右；在日本，科创企业的平均寿命能够达到 12 年；而在我国，科创企业平均在成立 4 年零 4 个月后才第一次获得贷款。但是，它们的平均寿命仅为 3 年，且在成立 3 年后还能正常营业的科创企业仅有 1/3。也就是说，超过 2/3 的科创企业在还未获得银行贷款等外部资金之前就已经倒闭。

在我国，金融市场尚不发达，导致投融资环境与发达国家相比更不成熟，同时中小板和创业板上市门槛过高，创业投资并不能对中小企业形成有效支持。因此，通过向商业银行贷款而获得资金支持仍是科创企业最主要的融资渠道。受到企业性质的影响，科创企业成立初期，由于需要开发新产品、研发新技术，往往需要更多的资金投入，这也就增加了风险和不确定性。同时，政府政策尚不完善，以及商业银行对政策的执行力度不强，导致目前能够专门为科创企业服务的机构较少。科创企业融资难，不仅仅因为其规模小、偿债能力差，还因为其容易受到宏观经济波动和政策调整等多方面的影响。因此，科创企业内部融资吸引力不足、金融体系的不健全、宏观经济波动和配套政策的欠缺，都是造成当前我国科创型企业面临融资困境的主要原因。

（一）科创企业的融资渠道

融资难是制约科创企业发展的主要瓶颈之一，因而科创企业更应该积极拓宽融资渠道，扩大资金来源，保证企业在科创期间的资金供给。科创企业可能的融资渠道主要包括财政融资渠道、银行融资渠道、资本市场融资渠道和商业信用融资渠道。

1. 财政融资渠道

科创企业在各国国民经济发展中都占有重要地位，但与大企业相比，由于其先天性的资金短缺和竞争力不足，因此在竞争中处于不利地位。政府作为公共管理者，基于扩大就业以及稳定财政和培植财源的目的，通常采用多种方法支持科创企业发展。

财政援助与税收优惠是世界各国政府扶持和保护科创企业的普遍做法。政府的政策虽然不能代替市场自身的资源配置，但有效的引导加上适度的扶持可以发挥政府财政资金的杠杆作用，引导商业性资金的介入，从而在一定程度上起到减轻企业负担、优化产业结构促进科创企业良性发展的效果。为了帮助科创企业解决资金匮乏的难题，各国各地区经常根据特定目标，制定各种扶持政策和资金援助计划。科创企业应该充分利用财政融资渠道为企业发展争取宝贵的资金。

政府为科创企业提供的资金资助包括财政补贴、贴息贷款、政策性贷款、政策性担保、政策性投资、税收优惠政策等形式。

财政补贴是指国家财政为了实现特定的政治、经济和社会目标，向企业或个人提供的一种补偿。为了鼓励科创企业的发展，国家对于重点产业、关键领域会给予补贴。

贴息贷款是指政府给予科创企业贷款的利息补贴。贴息贷款能以较少的财政资金带动较多的社会资本参与科创企业的援助，因此尤其适合资金缺乏的发展中国家。其具体做法是：对科创企业的自由贷款高出市场平均利率的部分给予补贴或给予科创企业最难获得的长期贷款以贴息。

税收优惠是指国家为了鼓励科创企业的发展，对科创产业的某些项目设立了减免、返还等优惠政策。税收优惠与财政援助表面上并不一样，但本质上是个业采取的财力资助政策，有利于科创企业资金的积累和成长。

政策性贷款是指由政策性银行发放的利率较低、期限较长、有特定服务对象的贷款。其放贷支持的主要是商业性银行在初始阶段不愿意进入或未涉及的领域。例如，国家开发银行服务于国民经济发展的能源、交通等"瓶颈"行业和国家需要优先扶持的领域，包括西部大开发、振兴东北老工业基地等，这些领域的贷款量占其总量的9%；中国进出口银行则致力于扩大机电产品和高新技术产品出口，以及支持对外承包工程和境外投资项目；中国农业发展银行主要承担国家政策性农村金融业务，专司粮棉油收购、调销、储备贷款业务等。

政策性担保是为了解决科创企业融资难的问题，对符合标准的行业和企业，政策性担保机构提供的贷款担保。政府出资的政策性担保机构其资金来源全部由政府出资或以政府出资为主，担保业务承担着政府的某些职能，其担保品种体现出发挥财政资金的效益特征，担保收益不以营利为目的，有明显的政策导向功能。由于这种形式社会信誉好且易于监管，因此银行也乐于接受。

2. 银行融资渠道

向银行贷款是中小型科创企业解决资金融资问题的主要途径，这种方式较为简单。目前我国四大国有商业银行基本在全国各地都设有基层行，而随着金融改革步伐的加快，专为中小企业服务的中小型金融机构也不断涌现，这些都为科创企业贷款带来了较大的便利。

科创企业要积极地开拓银行融资渠道。一方面，一旦贷款成功且按时还款，这家企业在银行就拥有了良好的信用记录，进而便于向银行申贷更多资金；另一方面，银行贷款其实也是各种借钱途径中成本最低的，可能有些企业习惯从民间融资或向私人借钱，但这种途径往往会造成企业股权稀释的后果，而银行贷款则并不以股权置换为条件。另外，科创企业在向银行申请贷款的过程其实也是其规范自身财务的重要推动外因，长远来看也有利于科创企业的发展。

科创企业申请银行贷款的条件是：经工商行政管理部门依法登记、持有营业执照、具有法人资格、具有一定数量的自由资金、在银行开有基本结算账户、按时向银行报送财务报表等资料、遵守国家政策法令和银行信贷制度、能提供有效贷款担保或抵押、不挪用贷款用途、按照贷款银行的贷后监督检查、经济效益良好并能按期归还贷款本息。通常而言，企业从提出申请到贷款成功需要经过4个步骤，即贷款申请、银行调查、贷款审查和贷款审批。

（1）贷款申请

企业确定贷款目标之后，可以向当地银行提出贷款申请。申请时需要填写由银行定制的贷款申请书，并提供相应资料。贷款申请书一般包括企业名称、地址、法定代表人、贷款用途、贷款数额、贷款期限等主要内容。

相关材料为银行审查所用，主要包括营业执照、法定代表人身份证明、企业经营许可证、税务登记证、经会计部门核准的上年度财务报表和申请借款前一年的财务报告、项目建议书、可行性报告、贷款卡等材料。上述证件一般要求原件，既可以在提出申请时随附，也可以在提出申请后提供给银行。

（2）银行调查

调查是银行发放贷款的必经程序。企业提出贷款申请之后，由银行派专人对该企业进行相关情况调查，调查内容包括生产经营状况、货款用途、担保情况等，银行还会对企业法人进行侧面了解。

贷款调查完成以后，信贷调查人根据调查的情况，提出贷款期限、金额、利率等方面的建议，提交信贷审查人进行审查。

在对基本建设贷款进行审查时，一般主要审查以下几个方面：①市场状况：主要审查投资项目建成后所生产的产品是否有销路。②资源状况：主要审查投资项目所需原材料、燃料、流动资金的供应是否稳定。③技术状况：主要审查分析投资项目选择的地址，以及工艺设备和设计方案是否得当，从而确定技术上的可行性。④财务状况：主要对投资项目的总投资和分年批资进行审查和测定，并预测投产后的成本、利润水平、贷款还本、付息等有关数据。⑤综合经济效益：主要是对收入、成本、利润进行测定后，以投资利润率指标进行评价，也可以利用投资回收期、投资报酬率、净现值、内部报酬率、现值指数等指标进行评价。

（3）贷款审查

贷款审查是银行对申请企业进行资格认定的必要程序。通常，银行按照信用等级掌握贷款的发放。信用等级是银行量化管理的一种方法，目的在于为贷款提供决策依据。

银行通过领导者素质、经济实力、经营效率、信誉状况、发展前景等指标对借款企业的信用等级进行评定。各大银行依据的指标基本相同，但各项指标在总分中所占比重和贷款的发放标准则由各行自行掌握。例如，中国工商银行的信用等级由高至低分为 6 个等级，即 AAA、AA、A、BBB、BB、B。凡是信用在 AA 以上的企业，可以根据企业的实际情况发放信用贷款，信用定级在 AA 以下的则必须提供担保。

从我国的实际情况来看，对大型和中型企业来说，这种评级标准基本上能反映出企业的运营风险。但对于很多小企业来讲，由于其财务报表不健全、企业实力不强等原因，其信用等级一般不能完全反映企业的运营风险。目前，绝大多数企业不能达到信用贷款标准，均需提供担保，而这也是小企业贷款困难的原因之一。银行自收到贷款申请和有关资料之日起，对新开户贷款企业，一般应在 3 个月内完成贷款的评估、审查工作并向申请人做出正式答复。

（4）贷款审批

信贷审查人经审阅同意贷款后，还需提交由审批权人审批。不同级别银行的审批权有所不同，不同地域、同一级别的银行审批权限因地区经济状况等也有所不同。贷款额超过审批权限的，需报上级银行审批。经审批同意后，由银行与借款人签订借款合同。

借款合同是指在借贷和偿还的过程中，借贷双方当事人为了明确各自权利和义务而达成的协议。借款合同除了具备一般经济合同所共有的特征，还具有以下几方面特点：①借款合同的标的是货币资金，否则不能称之为借款合同。②借款合同中的贷款人必须是依法定程序经中国人民银行批准设立的金融机构，与企业发生借贷业务关系的主要是商业银行。③借款利率由国家统一规定，由中国人民银行统一管理。根据《中华人民共和国合同法》《借款合同条例》和《贷款通则》的规定，合同的内容还应包括借款用途、数额期限、利率、还款方式，借贷双方的权利和义务、借款企业的保证与承诺、担保方式、违约责任等。

3. 资本市场融资渠道

随着我国市场经济体制的逐步完善，我国资本市场获得了空前的成长，越来越多的企业通过资本市场进行融资。随着我国资本市场的逐步成熟，现在对股份企业发行上市的资格已经提高标准，一般的中小企业已经不能获准直接发行股票和债券了。2004年5月，深圳证券交易所设立了中小企业板块，进入资本市场的门槛相对较低，为一些成长型的高科技中小企业进入资本市场提供了机会与渠道。资本市场融资的主要方式有：股权融资、债券融资和可转换债券融资。

（1）股权融资

股票是股份公司为筹集资金而发给股东的一种权益证书，是投资者投资并借以取得股息的凭证。它表示购买者即持股人拥有公司股份所有权，并享有相应的权利和义务，股票可以转让，但不能抽回股金（在某些特殊的情况下可以赎回）。股票的基本特征可归纳为以下四个方面：

第一，股票的权力性。股票代表的是股东权益，股东持有某股份公司一定比例的股票，就对该公司拥有一定比例的所有权。这是一种综合性的权利，具体而言这种权利主要由公益权和自益权两部分组成。股票的公益权是指股票的持有者享有的、直接以公司总体利益为目的、参与公司经营管理的权利。这种权利主要包括公司管理权和公司管理监督权。而股票的自益权是指股票持有者享有的、直接以其自身利益为目的、参与公司经营管理的权利，这种权利包括分配请求权和认股优先权。

第二，股票的责任性。股票既然代表一定比例的公司财务所有权，就有权取得公司一定数量的利益，也就必须对公司的生产经营结果承担一定的责任。这种责任主要表现在对公司债务的清偿上，如公司在经营过程中负债需要清偿时，股票持有者必须以其公司财产的一定比例，用于清偿公司债务，当公司破产时，公司财产也要首先用于支付破产费用。

第三，股票的无期性。股票不像某些证券那样有到期日，到期归还本金和利息，它是一种无期证券，只有在公司破产时才到期。由于股票的无期性，股东不能在约定期限将其转化为现金，在其需要现金时，只能到证券市场上将股票转让给他人。股票的转让只意味着公司股东的改变，并不会减少公司资产。

第四，股票的波动性，股票的波动性是指股票收益和服票价格的波动性，因为股票收益来源于公司利润的分配，所以显然公司经营状况的变化会引起股票收益的变动。股票价格受股票收益、市场利率、经济环境等因素的影响，其波动性不言而喻。

（2）债券融资

债券是一种长期债务证，是企业为筹集长期资本而承诺在将来一定时期支付一定金额的利息，并于约定的到期日一次或分次偿还本金的信用凭证。债券面额固定，可以转让和继承，是企业筹集长期资本的常用方式，其资金流为：债券购买者（社会资金）—资本市场（债券发行）—债券发行者（企业）。

企业债券是经济运行中实际运用的真实资本的证书，它具有以下四个普遍特征：

第一，安全性。由于债券的利率是固定的，因此不受市场利率变动的影响，债券的本息偿还有法律保障，有相应的单位作担保。此外，债券发行对发行人有严格的规定和要求，因此债券与其他有价证券比较，投资风险相对较小。

第二，收益性。债券的收益来自两个方面：一是高于银行利率的稳定利息收入；二是在证券市场上由于债券价格的高低变化，可以从债券价差中获益。

第三，偿还性。债务人必须如期向债权人（债券持有者）支付利息和本金。

第四，流动性。流动性是指在债券期满之前可以将其在市场上转让变为现金，也可用于在银行作为抵押以获得相应金额的贷款。

（3）可转换债券融资

可转换债券简称为可转债，是指其持有人可以在规定时间内，按规定的转换价格将其转换为发行公司的普通股票的一种有价证券，可转债是一种介于股票与债券之间的投资工具，具有债券凭证和股权凭证的双重特征：一方面，可转债具有一般债券的基本特征，记载有一定的票面金额、明确规定还本金和利率期限并向社会公众筹集资金的借款凭证；另一方面，可转债又不同于一般债券，因为其持有者在规定期限内有权按事先约定的条件将其转换为发行公司的普通股，从而成为公司股东。

可转债的双重特性使其成为公司灵活的筹资工具和备受欢迎的投资工具。自20世纪70年代以来，可转债就开始在发达国家资本市场上流行。20世纪90年代初，可转债被引入我国资本市场。

4.商业信用融资渠道

商业信用是指在商品交易中，交易双方通过延期付款或延期交货所形成的一种借贷关系，是企业之间发生的一种信用关系。它是在商品交换中商品与货币在时间上分离而产生的，它产生于银行信用之前。科创企业如果能有效地利用商业信用，则可以在短期内筹措一些资金，进而缓解企业的资金压力。

商业信用是企业之间在买卖商品时，以商品形式提供的借贷活动，是经济活动中一种最普遍的债权债务关系，商业信用的存在对于扩大生产和促进流通起到了十分积极的作用，但不可避免地也存在一些消极影响。因此，企业必须加强对商业信用政策的研究，在对用户信息进行定性和定量分析的基础上，评定用户的信用等级，并对不同信用等级的用户实行不同的信用政策。

商业信用具有以下四个特点：

第一，适应商品生产特点。有些商品生产期长，占用资金大，资金运转缓慢，价格也极不稳定，企业生产风险性大，如大型运输工具制造、房屋建设等，建造生产者担心风险，双方协定要求订货单位分担风险，预付货款；还有一些商品，如水、电、劳务等，既是生产过程，又提供消费，生产企业为减少损失，也可预收费用。

第二，为买卖双方提供方便。国家为了掌握一些重要的关系国计民生的物资，如棉花、粮食、油料等，采取预购方式。有的新产品在不为消费者了解之前，销货人不愿意承担滞销风险，而是采取由生产企业委托试销的方法求扩大业务范围。有的商品价格昂贵，如住房、汽车等，若二次付款出售，则可能失去一部分顾客，采取分期付款方式可以扩大销售额。在流通中一些积压商需要推销处理、清库结账，采取寄库代销方式，也有利于产品销售。

第三，有利于巩固经济合同，加强经济责任。在市场经济大发展的时代，多种经济联系和购销形式应运而生。为了保证经济合同兑现，在加工货物、补偿贸易、来料加工等不同购销形式上，加强双方法律责任，收取押金、定金也是一种商业信用手段。这种方法有利于维护双方的信誉，保证经济合同的法律权威。

第四，有利竞争，企业间利用商业信用形式可相互提供配件、技术、设备，进行产品补偿等经济与联合，有利于生产经营，使企业获得固定的原材料和零配件的供应和销售，增强企业竞争力。

（二）科创企业的融资工具

1. 科技企业孵化器

科技企业孵化器（也称"高新技术创业服务中心"）是以促进科技成果转化、培养高新技术企业和企业家为宗旨的科技创业服务机构。科技企业孵化器通过为科创板的科技型中小企业提供物理空间和基础设施，提供一系列的服务支持，降低创业者的创业风险和创业成本，提高创业成功率，促进科技成果转化，帮助和支持科技型中小企业成长与发展，培养成功的企业和企业家。我国于1987年创立了第一家孵化器"武汉东湖创业服务中心"，到目前为止，具有一定规模的各类孵化器已达数百家。目前，我国已有一批科技企业孵化器开始运行，包括已建立的软件企业孵化器、集成电路设计企业孵化器、光电信息技术企业孵化器等。实践证明，这些专业性孵化器对促进相关技术领域的成果转化、企业培育、产业发展发挥了重要作用。

（1）关于科创企业孵化的政策法规

科技部早在2001就发布了《关于"十五"期间大力推进科技企业孵化器建设的意见》，指出建立科技企业孵化器，是促进科技成果转化、培育科技型中小企业的有效途径，是被实践证明了的加速高新技术产业化的重要经验，也是建设国家创新体系的重要组成部分。该意见提出要大力发展各种类型的科技企业孵化器，努力为科技人员创新创业提供更加广阔的舞台；继续推进综合性孵化器建设，进一步增加数量，扩大服务面；积极推进专业性孵化器建设；大力建设面向特定创业对象的孵化器；加强孵化器创新创业服务条件基础设施建设；加强资源整合，因地制宜地建设孵化器；加强宏观指导，重视管理体制和运行机制的创新；积极推进各类孵化器之间的信息交流，促进优势互补和资源共享等。

2003年，科学技术部发布了《关于进一步提高科技企业孵化器运行质量的若干意见》。为进一步提升我国科技企业孵化器的管理和服务水平，促进其健康发展，提出了进一步明确孵化器的社会任务和功能定位；正确处理孵化器建设与发展过程中的各种关系；继续支持和推进孵化器的建设；孵化器提高孵化水平与质量的若干措施等意见。

2006年6月，科技部颁发了《科技企业孵化器（高新技术创业服务中心）认定和管理办法》（简称《认定和管理办法》），科技企业孵化器在我国的法律地位日渐清晰。高新技术创业服务中心的主要功能是以科技型中小企业为服务对象，为入孵企业提供研发、中试生产、经营的场地和办公方面的共享设施，提供政策、管理、法律、财务、融资、市场推广和培训等方面的服务，以降低企业的创业风险和创业成本，提高企业的成活率和成功率，为社会培养成功的科技企业和企业家。创业中心要建立适应社会主义市场经济的运行机制，通过各种途径和手段完善服务功能。在提供高品质服务的同时，逐步实现自收自支、自主经营、自我约束、自我发展的良性循环，同时要充分利用当地科研院所、高等学校、企业和企业服务机构的研究、试验、测试、生产等条件，扩大自身的服务功能，提高孵化服务水平。为提高创业中心的服务水平与质量，国家鼓励建立专业技术型创业中心。专业技术型创业中心是指围绕某一特定技术领域，在孵化对象、孵化条件、服务内容和管理团队上实现专业化，培育和发展某一特定技术领域的高新技术企业的一种创业中心形式。

（2）科技企业孵化器的认定

科技部《认定和管理办法》中对高新技术创业中心的申请认定条件、孵化企业和毕业企业的条件、国家级高新技术创业中心等进行了规定。

申请认定科技企业孵化器（国家高新技术创业服务中心），应具备下列条件：①发展方向明确，符合本办法第二条所规定的条件。②领导班子得力，机构设置合理，管理人员中具有大专以上学历的占70%以上。③可自主支配场地面积在10000平方米以上（若是专业技术型创业中心，则可自主支配场地面积5000平方米以上），其中孵化企业使用的场地占2/3以上。④服务设施齐备，服务功能强，可为企业提供商务、资金、信息、咨询、市场、培训、技术开发与交流、国际合作等多方面的服务。⑤管理规范，具有严格的财务管理制度，自身及在孵企业的统计数据齐全，并至少连续 2 年按科学技术部要求上报相关统计数据。⑥在创业中心自主支配场地内的在孵企业在 80 家以上（如是专业技术型创业中心，则在孵企业应达 50 家以上）。⑦累计毕业企业在 25 家以上，毕业企业及在孵企业为社会提供 1000 个以上的就业机会（如是专业技术型创业中心，则毕业企业在 15 家以上，毕业企业及在孵企业为社会提供 500 个以上的就业机会）。⑧创业中心自身拥有 300 万元以上的种子资金或孵化资金，并与创业投资、担保机构等建立了正常的业务联系。⑨实际运营时间在 3 年以上，经营状况良好。⑩专业技术型创业中心自身应具备专业技术平台或专业化的中试基地，并具备专业化的技术咨询、专业化的管理培训能力。

申报国家科技企业孵化器（国家高新技术创业服务中心），应首先向所在地省、自治区、直辖市、计划单列市科技行政主管部门提出申请，经审核后，由省、市科技行政主管部门上报国务院科技行政主管部门。国务院科技行政主管部门组织专家评审，并依据评审意见进行认定。对符合法律规定的高新技术创业服务中心颁发"国家高新技术创业服务中心"标牌，予以公布。被认定为科技企业孵化器（国家高新技术创业服务中心）的单位与其主管部门的隶属关系不变。国务院科技行政主管部门负责科技企业孵化器（国家高新技术创业服务中心）的认定和管理工作。省、自治区、直辖市、计划单列市科技行政主管部门可接受本行政区域内在地级以上（含地级）城市建立的创业中心的备案。

《认定和管理办法》同时规定，科技企业孵化器（国家高新技术创业服务中心）的孵化企业应当具备以下条件：①企业注册地及办公场所必须在创业中心的孵化场地内。②属新注册企业或申请进入创业中心前企业成立时间不到 2 年。③企业在创业中心孵化的时间一般不超过 3 年。④企业注册资金一般不得超过200万元。⑤属迁入企业的，上年营业收入一般不得超过200万元。⑥企业租用创业中心孵化场地面积低于1000平方米。⑦企业从事研究、开发、生产的项目或产品应属于科学技术部等部门颁布的《中国高新技术产品目录》范围。⑧企业的负责人是熟悉本企业产品研究、开发的科技人员。科技企业孵化器（国家高新技术创业服务中心）的毕业企业应当具备以下3个条件之中至少2条：第一，经省、自治区、直辖市、计划单列市科技行政主管部门认定为高新技术企业；第二，有2年以上的运营期，经营状况良好，主导产品有一定的生产规模，年技工贸总收入达500万元以上，且有100万元以上的固定资产和自有资金；第三，企业建立了现代企业制度和健全的财务制度。

（3）科技企业孵化器的考核

国务院科技行政主管部门每年将对科技企业孵化器（国家高新技术创业服务中心）进行考核，对连续2年达不到条件的科技企业孵化器（国家高新技术创业服务中心），将取消其科技企业孵化器（国家高新技术创业服务中心）的资格。

（4）企业孵化器的扶持与促进

为了扶植和促进科技企业孵化器的发展，国家支持和鼓励各级地方政府建立社会公益性的创业中心，引导带动地方创新体系建设；支持和鼓励企业、个人及其他机构创办多种形式的创业中心。被认定为科技企业孵化器（国家高新技术创业服务中心）后，自认定之日起，除享受营业税、所得税、房产税和城镇土地使用税等方面的税收优惠之外，各地政府及其相关部门应在规划、用地、财政等方面为创业中心提供政策支持。国务院科技行政主管部门将全国创业中心工作纳入国家科技发展计划。各级地方科技行政主管部门和国家高新技术产业开发区管理机构要将创业中心工作纳入当地的科技发展计划，为创业中心的建设和发展提供必要的支持。国务院和地方各级科技行政主管部门将不定期对创业中心的工作进行考评，并对在创业中心工作中做出突出贡献的单位和个人给予表彰。

案例精选

武汉东湖新技术创业中心

武汉东湖新技术创业中心成立于1987年6月，是中国第一家高新技术创业服务中心，是中国孵化器事业的发源地，也是国内第一家由事业单位改制为公司化运作的企业孵化器。

东湖新技术创业中心一直专注于科技型中、小企业服务市场，为中、小企业提供管理咨询、投融资策划、网络、培训、物业、餐饮、通信等各类服务。截至2019年，已累计孵化科技企业1103家、孵化科技项目900余项（其中国家级项目161项），毕业企业681家，成活率在75%左右，培育了一大批科技企业和科技企业家，使大批科技成果转化为生产力，积累了丰富的行业资源和中、小企业孵化经验，其中凯迪电力、三特索道、凡谷电子、楚天激光、国测科技、银泰科技等毕业企业均已成长为国内著名企业，极大地促进了区域经济的发展。同时创业中心已累计提供就业机会66000余人次。

服务范围和孵化器服务平台见下图。

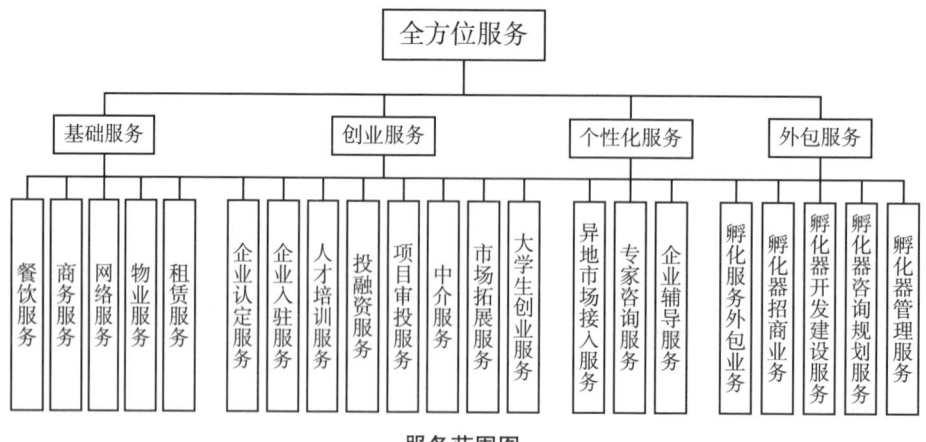

全方位服务
- 基础服务：餐饮服务、商务服务、网络服务、物业服务、租赁服务
- 创业服务：企业认定服务、企业入驻服务、人才培训服务、投融资服务、项目审投服务、中介服务、市场拓展服务、大学生创业服务
- 个性化服务：异地市场接入服务、专家咨询服务、企业辅导服务
- 外包服务：孵化服务外包业务、孵化器招商业务、孵化器开发建设服务、孵化器咨询规划服务、孵化器管理服务

服务范围图

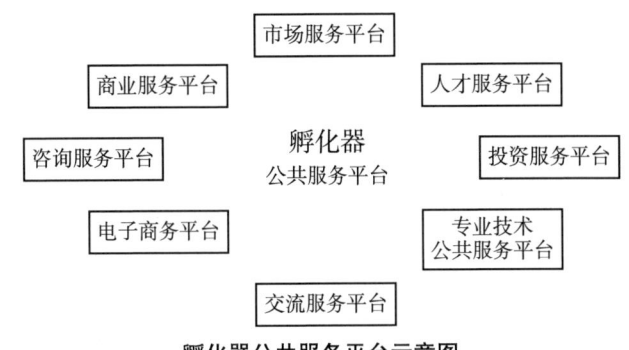

孵化器公共服务平台示意图

2. 融资租赁

以大多数科创企业的经济实力，完全依靠银行信贷或上市融资购置企业所需的设备既不可能也不现实。在这种情形之下，简便快捷，信用要求较低的融资租赁便成为解决这一问题的有效补充方式。

融资租赁是指出租方根据承租方（中小企业）对供货商、租赁物的选择，向供货购买租赁物，提供给承租方使用，承租方在契约或合同规定的期限内分期支付租金的融资方式。

（1）融资租赁的优点

第一，适应中小企业需求，有利于现金周转。融资租赁可以看作是一种中长期投资，出租房虽然会考虑目前企业的信用状况或资本总额，但更注重的是项目收益的可靠性和对承租业务发展的信心，这对于处于创业初期、银行信用程度较低、资产负债率较高的中小企业非常适用。融资租赁是一种以融资为直接目的的信用方式，表面上看是借物，实际上是借资，并将融资与融物两者结合起来。融资租赁既不像一般的银行信用那样借钱还钱，也不同于一般的商业信用，而是借物还钱，以租金的方式偿还。租金分期支付额是由企业和出租双方在考虑各自的现金周转状况后确定的，有利于企业现金周转，减轻了还款压力。

第二，减轻现金支付的压力，节省企业开支。与需要自筹资金的借贷筹资不同，租赁能提供全部的资金融通，对于资金短缺的科创企业来说，只要按期支付租金，就可以引进先进设备，解决燃眉之急，且通过融资租赁比银行借贷更为合算。

第三，加速技术设备的改造，适应市场变化与需求。在激烈的市场竞争中，任一个产业都面临着不断创新的压力与挑战，市场永远没有固定的模型，它会随着技术的提高而改进。对于资金实力并不雄厚的中小型科创企业来说，购买价值昂贵的技术密集型产品，特别是技术变革较快、制作技术要求高的产品，总要承担耐用年限未到而经济寿命已告终的风险。如果采用租赁方式则可避开这一风险。租赁协议一般可由双方协议规定，由出租方承担设备陈用过时的风险，当有性能更优的新产品问世时，企业就能以旧换新了。

（2）融资租赁的形式

直接租赁

自接租赁是最一般、最基本的租赁融资形式。直接租赁的出租方主要是租赁公司、设备制造商和有闲置设备的生产企业。出租方根据承租的要求，直接向设备制造购买承租方选定的设备，再租借给承租方使用。在我国有些大企业尤其是一些国有企业，由于某些原因存有一些闲置设备，科创企业可以融资租赁方式充分利用这一资源，既提高了中小企业的生产技术水平，又不会形成太大的资金压力。

售后回租

售后回租又称回租租赁，是指企业在短期内资金短缺时，将原属于自己且需要继续使用的固定资产卖给出租方，然后以租赁方式将其租回使用，从而改善企业财务状况的一种资金融通方式。采用回租方式对中小企业具有较大的现实意义：一是通过将原有的固定资产转化为流动资金，解决了中小企业的融资困难；二是有利于设备更新换代，增强中小企业的市场竞争能力；三是减少了企业资产无形损耗，加快了固定资产折旧。

转租赁

转租赁是指以同一物件为标的物的多次融资贷款业务，在转租赁中，上一租赁合同的承租方（中小企业）同时又是下一租赁合同的出租方，成为转租方。转租方从其他出租方处租入租赁物件，再转租给第三方，从而转租方通过收取租金差额实现融资目的。

杠杆租赁

在杠杆租赁形式下，出租方一般只支付相当于租赁资产价款20%～40%的资金，其余60%～80%的资金由其欲购置的设备作抵押，并以转让收取部分租金的权利作为附属担保，从银行或长期贷款提供者取得货款，然后购入设备出租给承租方。这一租赁形式后于巨额资产的租赁业务，如飞机、火车车皮、船舶和海上钻井设备等，相对于其他租赁方式而言，其主要特点是：涉及承租方、出租方和资金出借者三方。从承租方角度看和其他和租赁方式并无区别，同样按契约规定，在基本租赁期内定期支付租金，并取得该期资产的使用权。

延伸阅读

深圳市创新企业融资相关政策动态

《深圳经济特区科技创新条例》（以下简称《条例》）构建以政府投入为引导、企业投入为主体，政府资金与社会资金、股权融资与债权融资、直接融资与间接融资有机结合的科技金融体系。

一是建立科技创新基金体系。科技成果从实验室走向市场化、产业化，需要大量的资金支持。由于技术试验风险大，以股权或债权为主要投资方式的社会资金投资意愿不强，导致对科技创新企业的金融支持不足。为了保障科技创新活动顺利进行，《条例》规定通过政府引导、市场培育等方式，建立覆盖种子期投资、天使投资、风险投资、并购重组投资的基金体系，引导社会资本投资符合本市城市战略定位的科技研发项目，促进科技成果转化。

二是给予创投企业优惠政策。为了鼓励创业投资企业投资科技型中小微企业和早期项目，《条例》落实《关于创业投资企业和天使投资个人有关税收政策的通知》的相关规定，通过特区立法，给予投资科技型中小微企业或者早期项目的创投企业税收优惠政策。

三是充分发挥多层次资本市场作用。科技创新企业往往具有投资风险大、技术迭代快、成果转化不确定等特点，较难获得间接融资支持。为了帮助科技创新企业缓解融资难、融资贵的困境，减少融资成本和负债压力，提高自身的核心竞争力和可持续发展能力，《条例》落实《先行示范区的意见》有关"提高金融服务实体经济能力，研究完善创业板发行上市、再融资和并购重组制度"的要求，充分发挥包括深圳证券交易所在内的资本市场资源配置功能，通过发行股票、并购重组、再融资、发行公司债券等方式拓宽融资渠道。

四是优化科技创新企业金融服务。《条例》积极推动创新型金融机构设立，并开展科技金融租赁、科技保险等业务；鼓励商业银行、保险、地方金融机构等金融机构开展多元化科技金融产品和业务，为科技创新企业提供融资便利、资金支持。为进一步发挥地方金融机构，尤其是融资租赁、商业保理、小额贷款公司等在普惠金融发展、金融服务小微企业等过程中的主体作用，《条例》还首创性地将为科技创新企业提供金融服务的地方金融机构纳入财政奖励补贴、风险补偿、风险代偿等范围。

相关条文如下：

第四十八条［科技创新基金体系］市、区人民政府应当积极推动科技创新基金体系建设，通过政府引导、市场培育等方式，建立覆盖种子期投资、天使投资、风险投资、并购重组投资的基金体系。

市、区人民政府可以发起设立投资母基金，引导社会资本投资高新技术产业、战略性新兴产业、未来产业等科技创新类产业项目；可以通过持有科技成果使用权、收益权、处置权或者科技成果转化形成的股权等方式，促进科技成果转化。

第四十九条［科技投资优惠政策］支持投资科技型中小微企业和早期科技项目。投资科技型中小微企业或者早期科技项目的企业和个人，按照有关规定享受税收优惠待遇及专项资金补贴。

第五十条［科技创新基金环境优化］推动建立科技创新基金及其管理机构登记备案绿色通道，提升市场准入、资金募集等便利化程度，构建便捷公平、监管规范透明的发展环境。

第五十一条［科技创新基金风险防控］建立完善科技创新基金风险防范化解和分级分类监管机制，保障出资人的合法权益。

第五十二条［科技创新基金退出机制］完善科技创新基金退出机制，支持设立私募股权投资二级市场交易基金。

第五十三条［科技企业资本市场融资］鼓励科技企业通过资本市场实现创新发展。支持科技企业通过发行股票、发行债券、并购重组、再融资等方式进行融资。

第五十四条［金融机构科技创新］支持金融机构运用金融科技手段创新科技金融产品、提升金融服务水平。

支持设立创新型金融机构，开展科技金融租赁、科技保险等业务。

第五十五条［科技信贷与质押］鼓励商业银行建立聚焦科技企

业信贷服务的风险控制和激励考核体系，开展信用贷款、知识产权质押贷款、股权质押贷款、预期收益质押贷款、应收账款贷款、商票质押贷款、履约保证保险贷款等融资业务。

鼓励商业银行结合科技企业特点，依法开展外部投贷联动业务。

第五十六条［科技保险］鼓励保险机构创新产品和服务，为科技企业在产品研发、生产、销售各环节以及数据安全、知识产权保护等方面提供保险服务。

第五十七条［地方科技金融产品与服务］支持小额贷款公司、融资担保公司、融资租赁公司、商业保理公司等地方金融机构按照有关规定开发特色金融产品和服务，为科技企业提供融资便利。

第五十八条［融资担保风险分担］建立融资担保风险分担机制，充分发挥融资担保机构为科技创新企业提供增信服务的作用。

设立支持分担融资担保机构风险的市级资金池，有条件的区可以与市级资金池配套出资。

第五十九条［科技金融综合服务平台］市、区人民政府及其有关部门应当推动利用大数据、区块链、人工智能等手段，加强公益性融资服务平台建设，为科技企业提供线上化、智能化、批量化投融资对接服务。

第六十条［政府鼓励金融机构政策］市、区人民政府可以将商业银行、保险机构以及本条例第五十七条规定的地方金融机构纳入财政奖励补贴、风险补偿、风险代偿等范围。

参考文献

[1] 王冰. 知识产权战略制定与战术执行［M］. 北京：法律出版社，2007.

［2］张蔚虹. 技术创业：科创企业融资与理财［M］. 西安：西安电子科技大学出版社，2009.

［3］孙海梅. 中国创新性中小企业发展的金融支持研究［J］. 吉林大学，2011.

［4］马秋君. 我国科技型中小企业融资困境及解决对策探析［J］. 科学管理研究，2013，4.

［5］TADESSE S. Consolidation：Scale economies and technological change in Japanese banking［J］. Journal of International Financial Markets，Institutions and Money，2006（5）.

［6］张萌萌，鲁若愚，李广野. 金融创新对科创型企业融资的影响——基于金融科技的视角［J］. 税务与经济，2020，1.

［7］深圳华邦律师事务所. 高新技术交易中的律师实务［M］. 长春：吉林长春出版社，1999.

［8］朱彦. 论技术出资——以有限责任公司为例［D］. 苏州：苏州大学，2006.

［9］耿名斋，郑一帆. 我国信贷资产证券化的思考［J］. 经济学动态，2002.

［10］李建伟. 知识产权证券化：理论分析与应用研究［J］. 知识产权，2006，1.

［11］吴帛翰，朱凌祉. 我国知识产权证券化法律实践及其完善［J］. 金融理论探索，2020，3.

［12］知识产权 ABS 三大交易模式［EB/OL］.［2020-08-25］. https://www.sohu.com/a/343306914_530597.

［13］梁璐璐. 积极推进供应链创新与应用：供应链资产证券化解析［J］. 债券，2018，7.

［14］中华人民共和国国务院新闻办公室. 中国知识产权保护的新进展白皮书［R］. 2005.

［15］保罗·A.萨缪尔森，威廉·D.诺德豪斯.经济学：第14版［M］.北京：北京经济学院出版社，1996.

［16］国家科技计划项目申报中心网站，中华人民共和国科技部网站［2020-08-25］.http://program.most.gov.cn/.

第四章
特殊领域技术许可与转让

一、产业技术联盟

(一)产业技术联盟概述

20世纪中后期,特别是21世纪以来,知识经济和高新技术产业成为世界经济发展的主要增长点和驱动力,在这一背景下,创新能力、研发水平与知识资源成为产业竞争力的决定性因素,也是企业在市场经济环境中生死存亡的关键。而经济和产业发展对于科技创新的高度依赖性势必大大提升技术交易市场的活跃度,尤其在创新驱动型产业领域,技术许可与转让等交易的绝对数量与频率呈现空前的规模。

但是,由于技术交易的客体是无形的智力成果,其交易过程缺乏客体上的直观性,更大程度上依赖法律拟制性的规定。此外,科学技术的使用关涉公共利益,具有社会外部性,因此法律势必在交易双方意思自治的基础上进行交易内容、交易形式等各方面的限制性规定。而技术交易过程的复杂性和法律制度的大量介入导致交易成本上升,在交易规模和频率大大提升的高新技术领域,这种成本成为产业发展的极大阻碍。作为解决这一发展瓶颈的出口，产业技术联盟对于技术交易模式进行了突破式的创新，创造了一种新型技术资源配置方式。所以，产业技术联盟实际上是一种在技术许可与转让交易基础之上形成的更具有资源整合性质的交易模式，本章将进行介绍。

1. 产业技术联盟的主体

产业联盟是一种随着社会组织化程度提高在经济社会中产生的企业合作模式，即各方市场经济主体基于共同的发展利益形成相对稳定的长期合作关系，而产业技术联盟作为一种特殊的产业联盟，其最突出的特性在于主体层面的拓展。

根据《关于推动产业技术创新战略联盟构建与发展的实施办法》，产业技术联盟是指由企业、大学、科研机构或其他组织机构，以企业的发展需求和各方的共同利益为基础，以提升产业技术创新能力为目标，以具有法律约束力的契约为保障，形成的联合开发、优势互补、利益共享、风险共担的技术创新合作组织。因此，产业技术联盟的参与主体不仅仅包括作为产业竞争者的企业，还拓展到大学、科研机构等创新主体，甚至包括国家和区域组织。

案例精选

闪联产业联盟与 GSM 联盟

闪联产业联盟（闪联标准工作组／闪联信息产业协会）是孵化于中关村、立足于中关村，辐射全国乃至全球的标准组织和产业联盟，致力于 IGRS 标准的制定、推广和产业化。2003 年 7 月，闪联标准工作组在信息产业部支持下，由联想、TCL、康佳、海信、创维、长虹、长城、中和威八家大企业联合发起成立，中文简称"闪联标准"，英文简称"IGRS"。该产业技术联盟成立后，与高校、研究所积极寻求合作，现已有北京大学、清华大学、北京科技大学、中山大学、厦门大学软件学院等多个高校或其他研究机构成为其会员，共同致力于信息设备资源共享协同服务标准的制定和推广。因此，闪联是产业技术联盟中产学研相结合、市场主体与创新主体深度合作的典型示范模式。

GSM（Global System for Mobile Communications，即全球移动通信系统）联盟是当代最具有代表性的信息技术产业标准联盟，该联盟创始于1982年，由欧洲电信标准协会（ETSI）的前身欧洲邮电管理委员会（CEPT）发起，属于政府和区域组织参与主导产业技术联盟的典例。目前，其所确立的GSM标准已成为全世界广泛使用的移动通信标准。

这种参与主体多元化的特征根源于知识经济对于企业科技创新的要求。一方面，科技研发过程需要大量知识资源的整合以及大规模的前期投入；另一方面，资源整合和科研投入的投入－产出链条过长，并不符合企业对于短期利益回报的要求。而这种企业自身创新能力难以适应产业发展需求的矛盾问题存在两种解决路径：第一个路径为市场主体联合，共同分担科研成本，但是，由于高新技术产业研发可能面临巨额成本，要想达到个体企业能够负担的程度需要大规模的合作，同时带来高额的组织协调成本；另一路径是将科研成本直接转嫁于原本在社会分工中扮演资源整合和科技研发角色的政府部门、科研机构，使科学技术转化为生产力过程中的技术交易成本直接内化于产业技术联盟内部。因此，后者是当前更多联盟选择的合作模式，这种模式也导致联盟主体具有高度的异质性。

2.产业技术联盟的特征

除联盟主体的异质性外，产业技术联盟相比传统产业联盟，在联盟性质、合作模式、利益目标等方面也具有突出特征。

在联盟性质方面，产业技术联盟属于介于合同与组织之间的特殊合作模式。如上所述，产业技术联盟要想通过合作方式分担研发成本，一是选择大规模市场主体联盟的模式，二是选择本身具有研发成本负担能力的大学、科研机构等创新主体。而前者面临规模化组织协调的困境，后者面临主体异质化的难题，在合同和市场的范畴内难以解决，需要寻求组织机制的协调，通过组织的高效性、稳定性、内部协调性和有序性合理有效进行产业技术联盟的管理和维系，协调联盟成员之间的交易行为。

案例精选

中关村储能产业技术联盟

中关村储能产业技术联盟是中国第一个专注于储能领域的产业技术联盟，致力于通过影响政府政策的制定和储能应用的推广促进储能产业的健康有序可持续发展。联盟聚集了优秀的储能技术厂商、新能源产业公司、电力系统以及相关领域的科研院所和高校，覆盖储能全产业链各参与方，共有国内、国际200多个成员单位。

其在为联盟成员提供技术交流和共享平台、促进成员之间技术交易和转化对接等技术合同领域发挥作用的同时，也致力于构建政策推动平台，以组织化的政策形式进一步推动产业技术联盟的合作与发展。其与国家能源局、发改委、科技部、工信部等国家部委的主管部门建立了良好的沟通渠道，致力于推动国家及区域政策落地。受国家能源局委托，负责牵头组织产业各方开展首个国家层面储能政策文件《关于促进储能技术与产业发展的指导意见》相关研究工作和文件编撰工作，并协助政策的贯彻落实。

在合作模式方面，产业技术联盟主要从两个方面入手促进成员间的合作共赢：①通过现有资源的整合实现优势互补。②通过未来投入的共担降低企业发展成本。

从资源整合来看，企业作为市场经济主体，其行为具有复杂性，每一个企业都是研发、生产、技术转化、营销等活动的聚合体，而这些行为中的生产要素均对产品价值构成影响，不同的公司只能在具有比较优势的环节上发展自己的核心能力，形成竞争优势。但是，通过产业技术联盟，不同公司在各自的优势环节上开展合作，可促使彼此的核心专长得到互补，将个体公司呈点状分布的竞争优势聚合成价值链。

案例精选

爱立信与华为的产业技术联盟

爱立信在140余年的发展过程中，经历了通信技术发展的各个阶段，是移动通信标准化的全球领导，经营范围涉及设备与终端等许多链条，拥有许多通信专利，在无线数据通信领域专利技术全球第一。而华为在网通设备方面具有强大实力，特别在5G技术中拥有难以绕开的技术专利，但它过去主要的业务定位为B2B，专利更多集中在网络设备领域。为争夺5G时代的市场，华为必须利用爱立信的通信专利扫除技术壁垒，而爱立信为拓展5G市场，希望未来能在行业中继续引领市场也需要利用华为的网络技术专利。

2016年1月14日，华为与爱立信续签全球专利交叉许可协议。该协议覆盖了两家公司包括GSM、UMTS及LTE蜂窝标准在内的无线通信标准相关基本专利。根据协议，双方都许可对方在全球范围内使用自身持有的标准专利技术。因此，华为与爱立信通过产业技联盟实现了不同技术环节上的优势互补,将两个企业各自的产业环节竞争优势扩大到整个网络通信技术生产链。

根据帕维特、纳尔森等提出的知识基础理论,企业知识可以分为显性知识和隐性知识,其中显性知识可以通过合同的形式以技术交易的形式进行沟通和转让,而隐性知识,包括技术创新和研发能力、营销渠道、市场经验、品牌知名度等无形资源,通常固化在企业组织内部,只有通过产业技术联盟这种组织化的深层合作才能实现共享。因此,产业技术联盟的合作模式打破了隐性知识的垄断,从整体上提高了社会知识资源利用的效率。

从成本分担来看,一方面,产业技术联盟将高额的技术研发投入在多主体之间进行合理分配,有效缓解了个体企业发展目标与产业技术创新发展之间的紧张关系;另一方面,联盟同时将技术转化过程中面临的市场失败或者研发失败的风险进行分担,避免技术和市场的不确定性对于市场经济主体产生毁灭性的打击。

此外,利益目标是产业技术联盟产生和得以维系的基础和前提,但是,由于各个产业的技术竞争环节、技术研发与转化特性以及市场特征等方面存在差异,产业技术联盟所追求的利益目标存在多样性。在产业内部共性技术价值突出且具有较高的研发成本的领域,各成员一般以技术研发作为共同利益,在此基础上形成产业技术联盟;在某种核心技术得以统合整个产业链的情形下,联盟往往以价值链层面上的竞争优势作为共同的利益目标;在市场启动或者推广、营销成本成为产业主要成本或者存在个体难以负担的失败风险的情况下,就会产生以市场合作为目标的产业技术联盟;而在产业发展需要具有兼容性的统一标准技术的背景下,则会产生以制定产业技术标准为共同目标的技术标准产业联盟。由于利益目标的差异直接带来联盟合作重点和运行机制的差异,以此作为产业技术联盟的主要分类标准可以直观地感受到不同种类联盟的差异性和特异性。下文将展开对各个类别的详细说明。

（二）产业技术联盟的种类

根据产业技术联盟利益目标的不同，实践中产业联盟主要有4种类型，它们在企业创新和技术转移中发挥了重要作用。

1. 研发合作产业联盟

研发联盟是创新中常用的合作组织，其目标是解决产业共性技术问题，因此主要服务于产业共性技术价值突出，且研发投入具有长期性和高风险性的行业。研发联盟在产业创新中的具体作用包括：

1）降低研发成本、分担研发风险。随着产业技术的发展，技术研发投入越来越高、不确定性越来越大，单个成员，尤其是企业难以单独承担研发的成本和风险。

2）研发资源互补。技术的融合趋势和企业的专业化趋势要求产学研之间加强研发合作，通过资源互补共同完成创新。

3）共同学习和人才培养。产业发展越来越重视学习，共同学习包括共同学习国外先进技术、联盟成员间相互学习彼此特长两个方面。而创新性研发人才是产业技术竞争中的核心资源，研发联盟可以通过合作培养的方式，一方面提高人才资源利用率，另一方面通过人才培养成本的分担降低成员研发投入，或者通过企业与大学、研究所之间的人才输送，由专业的人才培养机构负担该部分研发成本，提高社会分工水平和资源配置效率。

4）缩短研发周期。全球化竞争要求企业不断缩短技术研发的周期，通过产品先发获得市场先机，研发联盟通过集中产业力量加快了成员企业进入市场的速度，为成员获得竞争优势。

案例精选

吉林省新能源汽车产业联盟

吉林省新能源汽车产业联盟成立于2009年12月18日。一汽集团、吉林大学等23家成员单位和企业共同签订了联盟协议。新能源汽车产业联盟以提升吉林省新能源汽车研发能力为宗旨，以产学研相结合为手段，以发展新能源汽车为目标，形成联盟成员之间紧密协作、联合开发、优势互补、成果共享、共创市场的研发产业合作组织。

在该联盟中，一汽集团负责新能源汽车整车研发、实验和性能改进，以及电池、电机等零部件生产企业合作伙伴的选择，并提出配套产品在性能、结构等方面的技术要求及标准；由中国科学院长春应用化学研究所主要负责锂离子电池、电控系统以及新能源汽车电机等研制；吉林大学作为一汽集团新能源汽车主要技术合作单位，负责建立新能源汽车动力系统研究与开发技术平台，形成新能源汽车测试分析平台与实验评价体系。因此，新能源汽车产业联盟充分整合各个成员所掌握的研发资源，将各个主体的优势有机结合、充分发挥，从而实现联盟整体研发能力的跨越式发展，成为新能源汽车产业的技术领军者。

2.产业链合作产业联盟

产业链合作产业联盟的目标是打造有竞争力的产业链，形成产业上下游之间的协同创新。产业链联盟在创新中的具体作用是促进创新产品尽快形成有竞争力的产业链，将各个成员分散在生产环节中的竞争优势依托于产业链进行整合，集成单体技术"点"，成为系统技术"链"，实现生产效益最大化的产业链竞争实力的整体提升。

这种合作模式在一定程度上取决于市场竞争的要求,创新产品在市场的竞争力依赖于整个产业链的竞争力,即创新产品需要获得上下游的产品配套,并且配套产品要有市场竞争力。而基于市场经济的主体分散性和自利性特征,创新产品的产业链往往难以依靠市场机制快速形成,产业链联盟可以通过企业间合作促进产业链的形成,不仅为联盟内部成员的产品竞争力提供保障,也对高新技术产业的整体发展提供发展战略。

案例精选

WAPI 产业联盟

WAPI 产业联盟(Wireless LAN Authentication and Privacy Infrastructure),又名"中关村无线网络安全产业联盟",成立于 2006 年 3 月 7 日,是国内首家专注于网络安全且目前最具规模的产业联盟,是国家网络安全防御产业技术基础设施——无线网络安全技术国家工程实验室的发起单位。该联盟的宗旨是:整合协调产业和社会资源,提升联盟成员在无线网络和网络安全相关领域的研究、开发、制造、服务水平,促进产业健康发展;以国际领先的基础共性技术 TePA 和 WAPI,带动无线网络和网络安全健康高效发展;发挥联盟的"政、产、学、研、用"链条作用,促进产业群体协同创新、提升综合竞争力。

其联盟内部成员包括网络安全产业整个产业链上的各个环节的参与主体,包括中国移动通信集团公司、中国电信集团公司、中国联合网络通信集团公司三家通信服务运营商,国家无线电监测中心、北京中电华大电子设计有限责任公司等 20 家通信技术和相关技术标准研发主体,大唐微电子技术有限公司等 20 家芯片制造企业,青岛海尔科技有限公司、联想有限公司等生产制造企业,北大方正集团、华为技术有限公司等22家移动终端及网络安全解决方案研发企业以及58家网络设备公司、32家增值服务公司、5个标准检测平台和机构。该联盟基本实现了网络安全产业完整产业链意义上的稳定长期合作，在联盟的牵头组织和产业链上下游的共同努力下，WAPI已经成为全球无线局域网芯片的标准配置，除公共无线局域网络外，WAPI已广泛应用于公安、政务、军队、海关、仓储、交通、电力等行业。在这些应用实践中，形成了WAPI物联网、WAPI移动互联网、WAPI社会化网络等综合解决方案。

因此，产业链产业合作联盟极大地提升了联盟整体的市场竞争力，使得不同成员在各个环节的技术资源所产生的市场竞争优势得以为全部联盟成员所共享，也为网络安全行业的技术标准创设提供了可能的平台。

3. 市场合作产业联盟

市场合作产业联盟的目标是共同开发市场，减轻产品市场化的成本负担和市场失败的风险打击。市场合作联盟在创新中的具体作用是：

1）联合开拓创新产品的用户市场。在单个企业不愿独立承担创新产品的市场启动成本，或者创新企业实力太弱缺乏独立开拓市场的实力的情形下，企业可以通过产业联盟共同开拓创新产品的市场。

2）通过联合采购降低创新产品的成本。中小企业在创新产品发展初期难以达到规模经济所带来的较低分摊成本，联合采购是创新型中小企业降低采购成本的重要手段。

3）通过共享基础设施降低创新成本。企业在创新时需要共享一些基础设施，包括共享实验设备、共享检测设备、共享数据库，等等，以降低创新的成本。有些共享设施可以由市场提供，有些共享设施由于专用性较强市场难以提供，产业联盟是较好的解决方式。

4）通过网络互联实现需求方规模经济。有些创新产品具有很强的网络特性，创新企业之间实现网络互联可以提高消费者福利，从而促进创新产品的市场化步伐。

案例精选

国美电器与京东集团的联合采购

2020年8月10日，国美电器与京东集团两家零售巨头和数家行业品牌厂商签署了300亿元联合采购计划，采购计划涵盖电视、冰洗、空调、厨卫、小家电、手机和电脑数码产品七大品类。二者之间在联合采购方面的合作，使得国美和京东将成为中国目前规模最大的家电采购联盟，采购规模的提升带来的直接受益是采购价格的明显降低。在目前的市场竞争格局之下，例如电视、冰箱和手机等标准化产品，在各个平台的价格差距并不大，而京东与国美之间的市场合作联盟通过规模效应达到一个更具备竞争力的价格，二者将在家电市场竞争中占据更大的份额。此外，市场采购的规模效应除了直接带来价格优势，还将提升整个供应链的效率，从而进一步提高二者的市场竞争力。

4. 技术标准产业联盟

技术标准产业联盟的目标是制定产业技术标准。技术标准的核心是知识产权，通过内在的专利技术在市场准入方面具有排他性，技术标准战略的实质就是通过专利战略、技术许可等综合的知识产权战略的运用，实现技术垄断。技术标准是企业构建竞争优势的主要手段，一方面，企业可以借此将竞争对手挡在市场之外；另一方面，只有在市场中将技术标准更广泛地推广，使用标准的人群达到一定的规模，企业才能达到垄断的目的。因此，技术标准的确立在市场机制下很难形成，需要通过产业联盟这种本身具有规模聚合能力的合作组织来完成。此外，由于技术标准关涉整个行业的发展与准入，单一主体的垄断必然影响社会公共利益，对消费者权益产生影响，对于社会公益的维护也超出了合同合作方式的职能范畴，应当在社团组织的层面进行规制。

因此，技术标准联盟在创新中的具体作用是通过技术标准实现创新技术的商业化。技术标准本身具有公共产品特性，但是部分技术标准包含了大量创新技术及相关知识产权，这类技术标准与巨大商业利益相关，成为企业积极争夺的对象。通过技术标准联盟制定竞争性技术标准，有利于新技术应用，有利于整个产业的发展，有利于保护消费者利益。

案例精选

工业互联网产业联盟

2016年2月1日，由工业、信息通信业、互联网等领域百余家单位共同发起成立工业互联网产业联盟。它是我国第一个专注于工业与互联网技术融合发展的产业技术联盟。其中，民营企业占其全部成员的70%以上，还包括高校、科研院所、国有企业、事业单位等其他性质的联盟成员。开展工业互联网标准规范前期研究及标准化推进是该联盟的主要工作内容，自其成立以来，已经发布《工业互联网平台通用要求》等8项联盟标准，且有《工业互联网平台基于Handle标识解析的接入云平台技术要求》等39项标准正在制作中。该联盟通过技术标准的确定为工业的"互联网+"这一新兴产业领域的发展创造了良好的产业生态，成为中国制造业数字化转型的重要助推力。

需要说明的是，以上几种产业技术联盟的类型并不是互斥的关系，实践中很多产业技术联盟所秉持的利益目标都是多元的，因此可能具有多种联盟类型的特征。如上文提到的工业互联网产业联盟、闪联产业联盟、京东与国美之间的产业联盟均为混合性质的产业技术联盟，既有研发过程中共性技术或知识资源的交流合作，又有产业链上下游之间的协同合作，还可能包括市场导向的联合采购、技术设备共享以及网络合作开发，在联盟达到一定规模时还可能作为行业标准的制定者，承担技术标准联盟的职能。

二、国有企业技术许可与转让

国有企业是国民经济的主导力量，是社会主义经济的重要支柱，是维护和巩固社会主义公有制性质、关系国家经济发展的主导力量。国有企业一方面集合大量社会资源，另一方面以国有资本为经济基础，其在抗风险能力、经济实力等方面都具有私有制经济主体所不可比拟的优势。因此，在我国创新驱动发展战略推进的关键时期，国有企业应当根据国家经济发展顶层设计的需要，向更具有社会发展和经济转型驱动力的高新技术领域集中。而在这一过程中，大量科研技术成果作为国有企业的无形资产出现，如何对其进行高效有序的管理和转化是企业可持续发展的关键问题。

案例精选

中国石油化工技术集团公司的技术管理成果

中国石油化工技术集团公司（简称"中石化"）是国有独资公司、国家授权投资的机构和国家控股公司。其在外部技术市场需求增加、内部技术市场逐步成熟稳定的双动力推动下，逐渐摸索出一套适合自己特点的核心技术发展路径，技术许可的数量稳中有增，技术许可费的收入实现规模性增长。2011年，对系统外许可技术达73项，合同金额达11.7亿元，与2010年相比增长125%。中国石化石油化工科学研究院（简称"石科院"）平均每年专利数量可达500～600件，工业化课题30多个，可实现3亿多元的技术许可收入。中国石化工程建设有限公司（SEI，简称"工程建设公司"）每年有100多项许可技术，2012年实现技术许可收入费5亿元。因此，中石化是有效利用技术交易实现大规模技术创收的典型成功案例。

国有企业技术成果的许可与转让应当符合技术交易的一般规则，但是，由于国有企业以国有资本为基础，具有国家所有的特性，对于其所拥有的技术成果交易也存在特殊的限制与规定。

（一）国有企业技术成果权属

国有企业技术成果的研发涉及三方主体，参与技术研发的自然人、国有企业以及国家，所以技术权属问题具有一定复杂性。而权属问题直接影响技术成果转让许可等支配权利的归属以及技术交易的参与主体问题，因此在国有企业技术交易问题中应当首先厘清技术成果的权属。

1. 职务作品和职务发明

就研发人员与国有企业之间的权属分配而言，主要涉及因职务而产生的智力成果在单位与自然人之间的权利归属问题。技术成果一般而言属于专利权客体范畴，但是由于具有一定技术成果属性的计算机软件归入著作权部分予以保护，需要同时考虑《中华人民共和国专利权》和《中华人民共和国著作权法》对于职务发明和职务作品的权利归属相关规定。

根据《中华人民共和国专利法》第六条和《中华人民共和国著作权法》

第十六条的相关规定，研发人员为了完成工作任务而创造的智力成果属于职务发明或职务作品，但是二者基于客体性质的不同，其所对应的知识产权权属分配规则存在差异。就职务发明而言，在以下情形下权利归属于国有企业：①执行工作任务或者主要利用单位的物质技术条件完成的发明创造。②利用单位的物质技术条件完成，且双方合同约定权利属于单位。就职务作品而言，在以下两种情形下权利属于国有企业：①主要利用单位的物质技术条件创作并由单位承担责任；②法律、行政法规或者合同约定由单位享有权利。

在国有企业技术研发过程中，由于当前具有产业化价值和市场竞争力的技术成果主要集中在高新技术领域，其研发具有高度复杂性、专业化的特征，往往需要大型、集成的专门实验和研发基地以及高度精密、专业的实验器材，这些物质条件在一般情形下均由企业提供，由企业承担研发成本与风险。因此，国有企业技术成果一般都属于主要利用单位的物质技术条件创造的职务作品或发明的范畴，应当由国有企业获得专有权。此外，当前经济发展模式越来越趋向于创新驱动发展，科学技术和创新成果日益成为产业发展的核心竞争力，国有企业对于知识产权的管理越来越重视，即使在无法保证研发过程主要利用单位的技术物质条件的情况下，也往往采用合同约定的形式确保企业享有完整的知识产权。

因此，一般而言，国有企业技术成果绝大多数都由国有企业享有完整的专利权或者著作权，研发人员在创作成果完成后的后续成果转化与交易过程中并不享有主要支配权利。但是，研发人员可以获得一定的奖励和报酬，以及保留部分具有高度人身属性的权利，如作品的署名权。

2. 国有无形资产

在职务发明或作品的属性所引发的研发人员与企业之间的权属问题之外，国有企业技术成果还因其国有资产属性而存在企业与国家之间的权利划分问题。从制度原理来看，国家是国有企业的唯一或者主要出资人，国有企业由国家享有所有权和控制权，在这两者之间进行权利划分似乎并无必要。但是，国有企业与国家之间的权利划分并非如同研发人员与国有企业一样，二者都是平等的民事主体，而是存在上下级和控制关系，其二者之间的分权问题实质上是国家将何种程度的权力下放给国有企业。因此，这一问题主要影响技术成果许可和转让的决策主体和决策程序问题，属于国有企业技术许可与转让相比一般技术交易规则而言的特殊限制，将在下一部分展开论述。

（二）国有企业技术许可与转让的特殊规定

科技成果虽然具有无形性，但是在当前以科技和创新为主要经济增长点的知识经济社会中，甚至具有远高于有形客体的经济价值，因此其属于国有企业重要的无形资产，具有国有资产的属性。而国有资产属于国家享有所有权的财产范畴，受到国家严格监管，而国有企业的技术转让与许可意味着对于国有资产进行转移或者投资，属于处置国有资产的行为。因此国有企业技术交易也应当在国有资产管理体制的框架内进行，具有区别于一般技术交易的特殊规定。

1. 技术交易的程序要求

目前我国对于国有资产管理高度重视，逐步完善国有资产管理制度体系，已经基本形成了国有资产处置行为的制度约束框架。2008年通过的《中华人民共和国企业国有资产法》确立了国有资产管理的基本原则，即国有企业中履行出资人职责的机构负有保证国有资产保值增值的职责，且建立监督考核和追责机制以保证职责的落实。此外，要求国有资产重大处置行为应当进行资产评估，对于直接导致国有企业权益转移的资产转让行为也建立了一系列行为规范要求。

在《中华人民共和国企业国有资产法》的规定基础上，2016年出台的《企业国有资产交易监督管理办法》对于国有企业处置国有资产的行为进行了进一步的细化规定，其中，第四十八条明确规定了知识产权交易行为。

延伸阅读

《企业国有资产交易监督管理办法》第四十八条规定：企业一定金额以上的生产设备、房产、在建工程以及土地使用权、债权、知识产权等资产对外转让，应当按照企业内部管理制度履行相应决策程序后，在产权交易机构公开进行。涉及国家出资企业内部或特定行业的资产转让，确需在国有及国有控股、国有实际控制企业之间非公开转让的，由转让方逐级报国家出资企业审核批准。

但是，该办法对于"一定金额"并无具体要求，对于资产评估程序也并无明确规定，因此，国有企业技术交易过程中企业的自主经营和控制权的范围，以及需要经过上级审批的交易行为范畴均未通过制度予以明确。这种模糊的政策现状对于国有企业技术资源的转化与管理将产生显著的负面影响。虽然国有资产管理制度体系对于国有企业进行资产转让、投资等处置行为做出了一定程度的限制，但是其实际上将国有资产保值增值的目标性要求具体落实到了资产管理行为的层面，使国有企业相关负责人在严格按照规范做出资产处置行为后免于承担资产在交易市场中所面临的价值变动风险。但是，由于国有企业的技术交易规范尚不清晰，技术交易市场还具有高度的不稳定性，技术许可与转让交易面临市场失败和技术转化失败等风险，国有企业很可能因为担心承担国有资产流失的责任而不敢进行技术交易和管理行为，带来国有企业技术成果的浪费。

因此，为了激发国有企业技术交易的积极性，促进国有企业技术成果的利用与转化效率，推动国有企业积极主动参与技术交易市场，将国家投资和研发支持所带来的技术利好在更大范围内进行共享，应当尽快通过相关政策和法律制度，厘清国家和国有企业之间对于技术交易问题的决策权属，明确重大核心技术的转让和许可的申报、评估和审批程序，同时明确属于国有企业自主决策范围的技术交易行为范畴，保障属于企业正常经营行为的技术交易免受国有资产管理所要求的烦琐程序的限制，保障其技术管理行为的灵活性。

此外，国有企业技术成果除了具有国有资产的属性，还具有面向市场的属性。国有企业的技术成果要想通过许可与转让完成市场交易，在符合国有资产管理体制的程序性要求的同时，还应当满足市场交易规则。技术交易区别于有形物交易的最重要的特征在于其交易客体是无形的技术成果，交易相对方对于客体相关信息的了解程度和审查能力有限，可能造成严重的信息不对称问题。因此，企业提高技术成果的市场竞争力的关键在于如何为交易相对方提供更加全面、准确、具有可信度的客体信息。

案例精选

中国石油天然气股份有限公司与中国技术交易所在专利评估领域的合作

中国石油天然气股份有限公司是中国石油天然气集团有限公司（简称"中石油"）的子公司，二者同属于国有企业的范畴，是我国能源产业的重要支柱企业。中石油是中国销售收入较多的公司之一，也是在世界范围有一定规模的石油公司之一，长期坚持以科技创新支撑企业迅猛发展，知识产权的管理和运用是其快速发展不可或缺的重要保障和支撑。中石油自成立以来，已累计申请专利4万余项，为公司发展和产品开发提供了有力的保障。

近年来，中石油遵循"建设世界一流国际能源公司"的经营目标，整合公司的传统资源和优势，形成了"优先发展勘探开发—有效发展炼化与销售—加快发展天然气与管道—协调发展国际贸易"四大业务板块齐头并进的发展态势。由此也对中石油的知识产权管控能力提出了更高的挑战。因此，在技术成果的转化和管理方面，其选择与专业的技术交易机构开展深度合作，使其在技术交易市场中占有优势竞争地位，将其技术资源优势充分转化为经济收益。

2019年11月，中国石油天然气股份有限公司石油化工研究院委托中国技术交易所（简称"中技所"）开展石油炼化高价值专利分析评估咨询工作，通过专利价值分析评估实现专利内在价值的揭示、促进专利交易的精准对接和有效运营。因此，技术成果的价值评估不仅仅是国有资产管理过程中的要求，也有利于企业在市场中通过专业中介机构的信息披露推进技术交易。

经过多年积累，中技所具有对中国大型企业自主知识产权运营管理的深刻理解，对适合中国特色的专利价值评估研究有深刻把握，且具有成功的大型企业，尤其是知识产权转移转化、专利价值评估咨询、技术交易与科技金融等经验。

专利价值评估过程根据中技所自行研发的石油炼化领域专利价值分析指标体系，从三大维度（法律、技术、经济）18项指标着手开展深入分析，并聘请欧洲科学院院士、中国科学院化学研究所、北京大学、中国石油和化学工业联合会、龙头企业、律师事务所等权威专家把关，对该专利进行了全方位评价分析，提出了合理的具有市场意义的咨询建议，为中石油开拓后续的专利运营业务提供有力参考，从而有效提升专利转移转化的成功率。

中石油通过专利价值分析咨询，将实现拟转化专利从技术、法律以及市场端的全方位的论证，有助于完善该专利的运营策略，对公司后续高价值专利转移转化具有重要参考借鉴意义。因此，中石油委托中技所进行的专利价值分析是国有企业根据市场要求进行信息披露，从而提升其技术成果市场竞争力的成功范例。

2. 许可与转让收入的分配

国有企业技术研发和交易过程涉及多方主体，国家、国有企业和研发人员在特定技术成果之上均具有不同类型的投资，包括管理成本、资金支持、知识资源和人力资源等表现形式。因此，国有企业技术成果不仅存在权属问题，其技术交易的收益分配也因多方主体的参与而具有一定复杂性。

如上文所述，国有企业技术成果的知识产权一般归属于国有企业，并在国家国有资产管理体制的监督下进行许可、转让等交易行为，而研发人员在权属方面并未取得与其人力资源和知识资源方面的投入相一致的产出回报，根据投入-产出相一致的原则，研发人员应当在其他方面获得一定的补偿。同时，研发人员是国有企业技术成果创造的最终主体，保持该部分成员的积极性是企业技术成果持续产出和保持企业创新能力以及市场竞争力的关键，而员工的积极性需要适当的激励措施。因此，在国有企业技术许可与转让收入的分配问题上，应当重点关注研发人员的激励。此外，国有企业区别于私有制经济主体，其技术交易收益最终属于国有资产的范畴，而实际负责技术交易的主体并非这一过程的直接受益人，仅依靠行为规制只能保证国有无形资产不发生流失而不能促进其利用率和创收能力的提升，因此交易过程的负责人也需要相应的激励，应当允许其共享技术交易收入。

2016年，财政部、科技部、国务院国资委联合出台《国有科技型企业股权和分红激励暂行办法》，对国有企业中与技术交易相关的利益主体的激励措施进行了明确规定。对于在技术研发过程中或者技术交易过程中做出贡献的人员，国有企业在其职权范围内，可以按照以下标准对其进行奖励：①在职务科技成果完成、转化后，按照企业规定或者与重要技术人员约定的方式和数额进行分红奖励。②如果没有公司规定或者特别约定，在该项职务科技成果转让、许可给他人实施的情况下，相关人员可以从该项科技成果转让或者许可的净收入中提取不低于50%比例的收益。

案例精选

中国石油化工集团公司（简称"中石化"）的职务科技成果以及技术交易奖励措施

中石化的直属研究院、工程公司等单位高度重视技术研发与技术交易过程中参与员工的激励措施，在工资总额外，对实施的技术许可合同根据合同额计提奖酬资金，用来奖励技术完成人，以调动科研设计人员的积极性。

根据《集团公司企业实施新技术奖酬管理实施细则》，通过推荐申报和专家评审，可对所属生产企业首次成功投产并连续生产满两年或两年以上、经济效益显著的新技术，按照每年不超过100项、年度奖励总额原则上不超过1500万元、单项奖酬额度原则上不超过50万元的标准进行奖励。细则规定，企业实施新技术奖酬主要奖励给参加项目开发、实施和工业应用的相关人员，直接贡献人的奖励比例不低于奖励总额的60%。如抚顺石化研究院（简称"石科院"）根据总部技术奖酬金的政策制订了自己的奖酬金管理办法，根据技术许可费用的多少来确定奖励的额度（近年来技术许可费每年平均1.25亿元左右），并适当增加新技术奖励的比例（超过60%），其余部分资金用来横向、纵向综合平衡，既保证了科研人员的积极性，又有效避免了收入差距过大的现象。石科院每年技术许可合同100余件，年技术许可收益3亿元左右，许可技术使用费的提成和激励方面，采取五五分成制。50%用于激励研发项目人员和所有参与协作人员，50%由院里统一调度使用。

三、高校、科研机构技术许可与转让

高校、科研机构的技术成果与国有企业技术成果在性质上具有相似性，均属于国有无形资产的范畴。但是，相比国有企业，高校和科研机构更大程度上具有创新主体而非市场主体的特性，因此，其技术交易行为的相关规定在决策程序、激励措施方面具有一定特殊性。

（一）技术交易的程序

由于高校、科研机构的技术成果具有国有资产的属性，其交易行为同样受到国有资产管理体制的规范，存在国家与单位之间的分权问题。但是，相比国有企业，高校和科研机构在技术交易领域获得了范围明确的国家授权，拥有更具优势的环境。

财政部于2019年发布《关于进一步加大授权力度，促进科技成果转化的通知》，对于高校和部分科研机构自主管理其技术成果的权限范围，以及需要由上级部门审批的技术交易情形，包括技术评估、收入分配等方面做出进一步细化规定：中央级研究开发机构、高等院校对持有的科技成果，可以自主决定转让、许可或者作价投资，除涉及国家秘密、国家安全及关键核心技术外，不需报主管部门和财政部审批或者备案。涉及国家秘密、国家安全及关键核心技术的科技成果转让、许可或者作价投资，授权中央级研究开发机构、高等院校的主管部门按照国家有关保密制度的规定进行审批，并于批复之日起 15 个工作日内将批复文件报财政部备案。

中央级研究开发机构、高等院校将科技成果转让、许可或者作价投资，由单位自主决定是否进行资产评估；通过协议定价的，应当在本单位公示科技成果名称和拟交易价格。

中央级研究开发机构、高等院校转化科技成果所获得的收入全部留归本单位，纳入单位预算，不上缴国库，主要用于对完成和转化职务科技成果做出重要贡献人员的奖励和报酬、科学技术研发与成果转化等相关工作。

因此，高校和部分科研机构有权对其拥有的大部分技术成果进行自主管理和收益。一方面有利于简化技术交易的管理程序，提高高校和科研机构技术管理效率和交易行为的灵活性；另一方面，高校、科研机构在交易过程中自主权的提升有利于激发其推动科技成果研发、参与技术交易的积极性，提升其利用技术资源和知识资源的效率。

（二）技术交易的激励措施

与国有企业相似，高校、科研机构同样由于其公立和国有属性导致技术成果的研发、处置和收益过程相分离，各自具有不同的参与主体。根据知识产权制度的法律原理，国家通过赋予智力成果创造者知识产权这一包含管理和处置其成果的专有权以及相应收益权等内容的复合权利，以激励技术成果的研发与应用。而在高校和科研机构中，技术研发投入与收益过程发生了割裂，享有处置权和收益权的并非智力成果创造者，而是作为出资人的单位和国家，导致知识产权制度自身对于技术创新和转化应用的激励作用难以发挥。因此，高校、科研机构的技术交易需要在知识产权制度之外另行寻求激励措施以保障技术成果的充分供给。

高校、科研机构等创新主体的主要职能在于专业性知识资源的发现、发明与创造，因此其对于科研人员传统的激励和考核标准在于科研和学术成果,并不关心其后续的转化、应用与创收。这种激励模式一方面会导致科研项目背离市场需求,技术成果的转化和应用率低下,造成知识资源和研发投入的浪费;另一方面导致真正了解技术成果的应用前景和转化方式的研发人员无法参与技术交易的对接过程,造成技术交易面临严重的信息不对称,技术成果在市场上的竞争力处于劣势。

针对传统激励措施存在的问题,我国目前积极开展高校职务科技成果混合所有制改革,以四川省作为试点,寻求高校、科研院所等创新主体技术研发与交易的有效激励制度。

案例精选

四川省职务科技成果权属混合所有制改革

2015年,四川在全国率先提出开展职务科技成果权属混合所有制改革试点,运用政策试点促使产权向个人部分让渡,也由此推进了高校科技成果使用权和使用率的提升。改革的实质是"三个改变":①将职务科技成果所有权由单纯的国有改变为单位、个人混合所有。②将"先转化"改变为"先确权"。③将成果转化的处置权、使用权和收益权改变为成果的所有权。

据四川省科技厅相关负责人介绍,"职务科技成果权属混合所有制改革的核心是由单位与职务发明人共同申请新的职务科技成果专利权,允许职务科技成果知识产权由职务发明人与单位共同所有。"将国有知识产权评估作价入股后形成的国有股权奖励,前置简化为国有知识产权奖励,通过落实知识产权奖励实现了职务发明创造由单位和职务发明人共同所有。

不同于"先转化,后确权",四川省通过将事后奖励改变为事前激励,以产权赋予职务发明人转化成果的权力,以产权激励职务发明人科技成果转化的动力，彻底解决职务发明人有动力转化、没有权力转化，单位有权力转化、没有动力转化的问题，极大提高了职务发明人进行科技成果转化的积极性，有效提升了科技成果转化率。

截至2019年年底，四川大学已有85个项目进行分割确权，作价投资入股创办企业数和作价总金额是过去10年总和的10倍。西南交通大学已有222项职务科技成果知识产权分割确权，成立了20余家高科技创业公司，知识产权评估作价入股总值超过1.6亿元，带动社会投资近10亿元。而在此前的2003年至2009年，只有一项职务科技成果得到转化。

据不完全统计，试点单位已完成确权分割专利551件，作价入股创办企业60余家，带动企业投资近30亿元。目前，四川已经明确将试点单位扩大到创新成果多、基础条件好、改革积极性高的45家单位，预计将产生更大的经济效益和社会效益。

"职务科技成果混合所有制改革，给予职务发明人明确的知识产权预期，鼓励职务发明人从立项到科研全过程培育成果的可转化价值属性，从而可以产生出更多具有转化价值的科技成果，充分体现了科技人员的知识价值。"四川省科技厅相关负责人说。职务科技成果权属混合所有制改革试点，解决了高校院所科技成果转化过程中困扰着成果持有人、高校以及企业的所有制问题，通过"产权驱动创新"路径，实现创新驱动发展战略。

四、高校、科研机构技术交易的服务机构

由于高校、科研机构的主要职责在于科研创新和人才培养，其本身并不具有面向市场的属性，因此其缺乏技术交易过程中所必需的具有专业性和

市场经验的组织机构，使其进入技术交易市场、参与技术交易的能力有限。但是，高校和科研院所集中了国家主要的创新资源和研发人员，聚集了大量国有技术成果，只有充分进入市场才能完成转化和应用，最大限度地发挥经济驱动作用。因此，在高校和科研机构这种创新主体与市场之间需要专业服务机构进行二者之间的对接和过渡。

现阶段我国高度重视高校与科研院所的技术交易与转化，逐步推动专门针对高校、科研机构的技术交易服务机构的建设和发展。2020年6月，科技部、教育部联合发布《关于进一步推进高等学校专业化技术转移机构建设发展的实施意见》，对于技术转移专业机构的形式、职责以及人员要求等方面进行了具体明确的规划，考虑到各高校的不同情况和成果转化的不同形式与特点，提出了设立内设机构、与地方联合设立专业化机构、全资设立公司3种主要的技术转移机构建设模式，也鼓励各高校结合实际探索新的建设方式和运作机制。

就当前高校和科研机构的技术交易实践而言，对于创新主体与市场之间的对接发挥重要作用的服务机构主要包括3种形式：①国有科技成果交易与公示平台。②国家技术转移中心。③大学生科技园。

1. 国有科技成果交易与公示平台

由于技术交易以技术成果作为客体，而技术价值具有高度的不确定性和时效性，因此对其进行定价对于市场经验和专业水平具有极高的要求，而大部分高校和科研机构一般不具有这种市场导向的定价和交易能力。国有科技成果交易与公示平台以专业的技术交易中介机构为依托，借助其技术市场交易和价值评估的专业经验，为国有科技成果进入市场提供有效的指导，并为其进行市场交易提供对接服务。具体而言，国有科技成果交易与公示平台对于高校、科研机构参与技术交易的帮助在于：

1）提供技术成果公示平台，通过挂牌交易或拍卖等市场化的方式寻找技术许可和转让的最佳交易相对方，扩大交易范围，提高交易质量。

2）以市场化的方式确定价格，通过协议定价、在技术交易市场挂牌交易、拍卖等方式确定技术成果的交易价格，保证交易价格的合理性，既保证创新主体获得相应的经济收益，又确保技术成果在市场中的价格竞争优势。

3）在已经明确交易相对方并达成交易后，通过被认可的规范平台进行公示，最大限度免除单位领导在科技成果定价中因科技成果转化后续价值变化产生的决策责任。

案例精选

国有科技成果挂牌交易系统、国有科技成果信息公示系统

中国技术交易所作为唯一一家由国务院批准设立的国家级技术交易机构，建立并推行完善的国有科技成果挂牌交易及信息公示机制，以依托国家科技支撑计划开发的技E网为基础，开发了功能完备的国有科技成果挂牌交易系统和国有科技成果信息公示系统，为国有科技成果持有方提供公开挂牌和信息公示。该系统提供同步的场内、场外双公示系统，更好地进行公允的市场化公示，同时定位为独立存在的运行单元，预留了主管部门和财政部门的第四方监管通道，使公共财政投入的科研成果转化过程更加透明和规范。国有科技成果交易与公示系统确立了以市场为导向的技术成果确权、定价与免责机制，实现科技成果的真正"自由"转化。

截至2016年5月底，中国技术交易所推出的"国有科技成果挂牌交易系统"和"国有科技成果交易信息公示系统"已初步取得了良好的实践效果，已有北京大学、北京航空航天大学、中国地质大学（武汉）、中科院广州软件所、中科院宁波材料所、华北电力

大学、天津大学、中国农业大学、内蒙古神舟光伏电力有限公司等机构参与使用，挂牌或公示国有科技成果176项，专利699项，已完成交易项目37项，累计交易金额超过3亿元。

2. 国家技术转移中心

国家技术转移中心是相关高等学校、科研机构与组织整合科技资源的机构，是以加速技术转移、促进利用先进技术改造和提升传统产业及加快发展高新技术产业、优化和调整产业结构为目标，推动高校和科研院所的科技、人才、信息等资源与重点行业、重点企业结合，推动产学研联合工作向纵深发展的重要机构。因此，技术转移中心具有对接创新主体与市场主体的作用，是高校、科研院所技术许可与转让过程中的重要服务机构。

2001年，原国家经贸委、教育部联合发出《关于在部分高等学校建立国家技术转移中心的通知》，决定在全国重点高等学校已建立技术转移机构的基础上，首批认定基础比较好、科技力量比较强、科研成果比较多的清华大学、上海交通大学、西安交通大学、华东理工大学、华中科技大学、四川大学等6所大学的技术转移机构为国家技术转移中心。根据科技部印发的《"十三五"技术市场发展专项规划》，截至2015年年末，全国已有国家技术转移示范机构453家，技术市场管理与技术转移从业人员50余万名，且预计在2020年年末技术转移示范中心将达到600家。

国家技术转移中心的功能是发挥所在地区科学院属科研机构研发部门能力强大、人才聚集、技术创新领先等优势，以促进技术的商业化作为出发点和着眼点，同步拓展院地合作和国际合作，深层次地发掘地区和国际技术与技术人力资源，通过技术营销和技术转移实现国际与国内先进科技成果的双向流动；积极开展技术转移理论、政策、方法和机制等研究；加强地区和国际间的科技合作，积极参与构建和完善国家创新体系。

国家技术转移中心的主要任务是开展共性技术的开发和扩散、推动和完善企业技术中心建设、促进高校科技成果转化和技术转移。具体而言包括以下方面。

1）共性技术的开发和扩散：围绕国家产业结构调整和重点企业技术创新工作，组织有关高等学校和科研机构，并联合有关重点企业共同参与行业共性、关键性技术的开发和扩散，突破产业结构调整中的关键技术瓶颈，并形成向产业转移的有效机制。

2）推动和完善企业技术中心建设：推动高等学校和科研机构以多种形式与国家重点企业共建以企业技术中心为主要形式的研究开发机构，使优秀的科技人力资源与企业的技术创新紧密结合，提高企业研究开发水平和技术储备能力。

3）促进高等学校科技成果转化及技术转移：培育和孵化具有市场潜力的科技成果；组织多学科联合攻关队伍，对科技成果进行系统集成，为企业提供先进实用的工程化技术；评估与保护学校的知识产权；协助技术发明人寻找风险投资和管理人才。

4）加强国际技术创新合作：有关高等学校和科研机构需要充分发挥自身的综合优势，积极参与国际间的技术转移工作；联合国家重点企业，做好引进技术的消化吸收、开发创新工作；吸收海外留学人员回国创业和开展科学研究。

5）为企业提供综合服务：根据企业在技术创新过程中的需求，为企业提供技术、人力资源和信息、商情、咨询、金融、培训、法律、管理等综合服务；受企业委托，对科技成果的技术水平进行鉴定和对产业化前景进行评价；加强与中国技术创新信息网的信息交流，广泛收集、整理高校科技成果，利用网络手段提高信息的交换范围和效率。

技术转移是一项复杂的系统工程，需要充分发挥政府、中介机构的作用来不断探索和完善国家技术转移中心的有效运行机制。国家技术转移中心隶属于所在高等学校或科研机构，接受国家发改委、教育部、中科院及相关部门指导。国家发改委定期将产业技术政策、产业结构调整的技术需求、国家重点企业技术创新体系建设等有关情况向国家技术转移中心通报。国家技术转移中心的工作要求是：

1）按照中介机构的方式运行，在实践中不断探索技术转移中心的运行机制和发展模式。

2）充分利用现有技术优势和科技资源，在科技成果转化和产业化方面积累成功的经验。

3）形成共性、关键性技术的开发和扩散的有效机制。

4）在充分发挥自身综合优势的同时，要与其他高等学校和中介服务机构进行广泛的合作，为企业技术创新提供良好的服务，并对其他高等学校科技资源进入企业起到示范和导向作用。

5）培育专业化技术转移人才队伍。

案例精选

杭州中科国家技术转移中心的建立

2020年6月5日，杭州中科国家技术转移中心正式落户杭州高新区（滨江）。该中心以中科院100多家研究所为支撑，充分依托中科院机构在杭平台载体，结合高新区（滨江）良好的创新创业生态，融合"有为政府＋有效市场"的双优势，建设具有成果转化、技术服务、项目孵化、投融资等功能于一体的新型研发机构，在高新区（滨江）打造中科系成果转化和产业化基地。

通过持续加强与中科院的合作，共建杭州中科国家技术转移中心，促进中科院服务支撑杭州区域创新发展，有助于杭州牢牢抓住产业数字化、数字产业化赋予的机遇，依靠科技创新驱动发展，围绕引进"名院、名校、名所"的"三名"工程，提升杭州科技创新的内生动力，着力壮大新增长点、形成发展新动能。此次签约将为杭州科技成果的转化提供新的平台，为杭州建设一流的科技创新型城市提供新的支撑，为杭州社会经济的发展提供新的活力。

3. 大学科技园

大学科技园是以研究型大学或大学群体为依托，利用大学的人才、技术、信息、实验设备、文化氛围等综合资源优势，通过包括风险投资在内的多元化投资渠道，在政府政策引导和支持下，在大学附近区域建立的从事技术创新和企业孵化活动的高科技园。它是高校技术创新、高科技企业孵化、创新创业人才聚集和培育、高新技术产业辐射催化的基地。

2006年1月，科技部、教育部制定的《国家大学科技园"十一五"发展规划纲要》强调：大学科技园是国家创新体系的重要组成部分和自主创新的重要基地，是区域经济发展和行业技术进步以及高新区"二次创业"的主要创新源泉之一，是中国特色高等教育体系的组成部分，是高等学校产学研结合、为社会服务、培养创新创业人才的重要平台。

国家大学科技园是高校科技成果转化与产业化的重要通道，主要功能是充分利用高校的人才、学科和技术优势，孵化科技型中小企业，加速高校科技成果的转化与产业化，开展创业实践活动，培育高层次的技术、经营和管理人才。建立适应社会主义市场经济的管理体制和运行机制，通过多种途径完善园区基础设施建设、服务支撑体系建设、产业化技术支撑平台建设、高校学生实习和实践基地建设等，为入园创业者提供全方位、高质量的服务。

大学科技园的诞生，不仅使高等学校的人才培养、科学研究和社会服务功能得到有机融合和进一步拓展，而且从根本上变革了大学科技创新活动的管理体制、运作机制和模式。大学科技园作为一种新的社会组织形式，其基本功能主要包括企业孵化、人才培养和成果转化三个方面。尽管世界各国对大学科技园的理解略有差异，但对其内涵的认识基本一致，即强调大学与企业、社会的对接，强调高科技成果的转化和应用。

在传统模式下，大学的科技成果往往通过技术转让等方式导入企业，这种方式呈现静态、间断的特征，一般只适合应用已成熟的技术，难以导入体现在成果开发者身上的技术诀窍、经验等隐性技术，而这些隐性技术往往决定着成果转化的成败。大学科技园正好为大学科技成果导入企业提供了一个有效的平台和界面。大学科技园依托大学和科技园自身研究开发方面的优势，通过鼓励和支持大学师生或校外人员把实验室研究的成果和创新项目带到园区进一步研究开发，实现科技成果的"本土移植"，使大学的创新成果能够以最快捷的方式实现转化和产业化。

大学科技园的成果转化功能主要通过三种途径实现：

一是将科技成果直接应用于园区企业。进入大学科技园创业的企业，一般都有很强的技术需求，所以对于相对成熟的科技成果可以直接在企业进行试验和应用。这种做法不仅可以缩短科技成果的转化周期、降低企业研发成本，而且因为研究人员能够非常方便地直接参与企业的工作，可以大大提高科技成果产业化的成功率。

二是通过园区内的研发机构转化科技成果。社会上很多企业为了得到高校的技术、人才支持，往往都在大学科技园内建立起自己的研发机构。大学科技园可以根据企业的实际需求，为其推介高科技成果。在大学科研人员的指导、配合下，企业的研发机构将这些科技成果进行二次开发和产业化开发，最终实现科技成果的转化和产业化。

三是以科技成果为核心技术创建高科技企业。大学科技园对那些具有广阔市场需求潜力的科技成果，可以自行投资创建企业进行孵化。一旦技术成熟并基本形成稳定的产品，企业自然也就具备了较高的市场价值。大学科技园可以将技术和企业一同包装出售给社会上的大型企业，实现科技成果的转移和转让。在这一过程中，大学科技园根据自身的知识产权和先期投入的资金成本，获得相应的经济利益，开始新一轮的科技成果孵化工作。

案例精选

北大科技园的运营发展情况

北大科技园创始于1992年,是北京大学为响应国家"科教兴国"战略、"985工程"战略,促进北京大学科研成果产业化而建立的,是国家科技部、教育部首批认定的国家级大学科技园之一。

北大科技园以"发展原创科技,建设精品园区"为宗旨,致力于将高校的科技创新资源转化为现实生产力,将综合治理资源与社会优势资源相结合,是为科技成果转化、高新企业孵化、创新创业人才培养、高科技产业化发展提供支撑平台和服务的机构。

经过10余年的探索发展,北大科技园已经发展成为北京大学最大的科技成果转化基地、科技企业孵化基地、创新创业人才培育基地和高科技产业化发展基地,是北京大学创建世界一流大学的重要组成部分。

五、国防技术许可与转让

国防领域的技术许可与转让在技术交易的问题中具有举足轻重的地位,因为国防领域最大限度地聚合了国家所掌握的研发资源,其技术成果和科技资源往往具有高度前沿性和尖端性,在其应用和转化过程中具有一般技术成果无法比拟的经济驱动潜力。

案例精选

GPS技术的民用

GPS(Global Positioning System,全球定位系统)最初为国防领域的技术成果,其前身为美国军方研制的用于为陆海空三大领域提供实时、全天候和全球性的导航服务，情报搜集，核爆监测和应急通信等军事目的的卫星定位系统。目前，由于GPS技术所具有的全天候、高精度和自动测量的特点，作为先进的测量手段和新的生产力，已经融入了国民经济建设、国防建设和社会发展的各个应用领域，对于相关产业发展和社会生活都产生了极大的影响。

国防技术成果一般以国家财政拨款作为经济基础，以政府部门作为项目的主要组织者，因此其同国有企业、高校和科研机构的技术成果一样，往往具有国有资产的属性，在其交易过程中同样应当遵守国有资产管理体制。此外，由于国防技术成果的研发主体往往是军工企业、高校和科研机构，其交易行为可以落入按照上文所述规则体系的管辖范围，在此不予赘述。但是，相比一般的国有技术成果，国防领域的技术还对国家安全和发展利益具有重大影响，因此在其管理和处置过程中具有一些特殊规定。

（一）国防技术许可与转让的特殊规定

1. 国防技术成果的权属问题

国防技术成果的范畴划定具有高度的公共政策属性，而不是严格的学理意义上的划分，其并非从研发主体的角度出发进行划定，而是从技术应用层面进行界定，即国防技术指的是来源或者应用于国防领域的技术成果。因此，国防技术内部还可以根据研发主体的不同区分不同的情形，不同情形则对应不同的权属划分规则，而不同的权属划分结果直接影响技术交易主体和交易流程。

一般而言，国防技术权属的判断标准主要有以下2种：

（1）根据投资主体判定

《中华人民共和国国防法》第三十七条规定，国家为武装力量建设、国防科研生产和其他国防建设直接投入的资金、划拨使用的土地等资源，以及由此形成的用于国防目的的武器装备和设备设施、物资器材、技术成果等属于国防资产。国防资产归国家所有。此外，根据《国防科学技术预先研究成果管理暂行规定》[①]和《武器装备研制合同暂行办法》[②]，凡是由国家提供资金和设备完成的国防科技预研成果的所有权属国家，而单位自筹资金研制的科研成果的所有权归属单位。因此，国防技术成果的所有权归属于主要出资方。

（2）涉密技术的特殊归属原则

我国多部有关知识产权立法和行政条例在赋权时都对涉及国家秘密的客体权利进行了例外性规定，规定涉及国家秘密的智力成果应依据国家有关规定。根据《国防专利条例》，涉及国防利益或者对国防建设具有潜在作用被确定为绝密级国家秘密的发明不得申请国防专利，对于该部分客体，国家拒绝对其赋权并不意味着其没有权属，而是国家不希望将控制权转赋其他主体，应由国家对其进行完全的控制。该部分客体以外的其他国防技术，从条例规定看，其可以权属于个人或者单位，但是，该知识产权并不能对抗国家的保密控制权。在实践中，即使涉密技术属于个人或单位，国家仍可以对其权利的行使进行监督和控制。因此，大部分涉密技术无论其投资主体是谁，其实质的控制权均属于国家。

由此可见，我国绝大多数国防技术成果的知识产权均属于国家所有，这与国有企业、高校和科研机构主要由单位享有知识产权的情形存在差异，因此，国防技术的许可与转让一般需要经过更加严格的审批手续，其决策应当由承担相应职责的政府机构做出。此外，即使是少部分由单位享有知识产

---

①《国防科学技术预先研究成果管理暂行规定》第十二条规定："凡是由国家提供资金和设备完成的国防科技预研成果的所有权属国家，成果完成单位享有专利申请、使用、转让等权利，国家国防科技工业局和主管部门有权决定在指定单位实施。"

②《武器装备研制合同暂行办法》第十五条规定："成果按军品研制计划应用推广时，研制单位或生产单位均不得收取技术转让费。但完全用自筹资金研制的科研成果，归研制单位所有，实行有偿转让。"

权的国防技术成果,其一方面受到涉密技术的特殊规定的限制,另一方面,国防专利管理部门可以允许其指定的单位实施本系统或者本部门的国防专利,国防系统内部也存在专有权利的特殊限制,因此单位的权利在很大程度上也受到国家的控制和支配。

国防技术交易主要由国家进行管理和控制的特征有利于国家安全和重大发展利益的维护。但同时严格烦琐的审批流程也会导致国防领域的技术交易趋于行政化,难以通过市场机制进行调节,可能无法达到资源配置的最优程度,从而最大程度地发挥国防技术的经济带动作用。

2.国防技术成果的保密性

由于国防安全和重大国家利益维护的需要,大部分国防技术都存在保密性的要求,因此,在保密期间内,国防技术交易只能在国防军事系统内部进行。事实上,这种军用市场中的技术交易更多的具有行政属性,很难获得市场机制下的对价或者报酬。在技术解密之后,国防技术成果进入民用领域,参与真正的技术交易,作为生产要素促进国民经济的发展。

可见,国防技术成果的真正转化与应用的关键在于"解密"程序的运行效率。我国国防技术领域过去具有"重保密,轻解密"的特征,但随着军民融合进程的加快,"解密""脱敏"过程开始规范化,过去一些处于"休眠"状态的国防技术开始进入一般交易市场,逐渐在市场经济建设中发挥作用。

3.美国国防技术管理规定

美国采取"寓军于民"的国防技术管理模式。美国国防专利的申请、审核和批准,均纳入美国专利商标局申请和授权体系,只是涉及国防利益的采取"保密例外"规则。美国已经建立起的国防领域知识产权的管理模式可以作为我国进一步制度改革的参考。

在知识产权归属管理上，美国国防部的主要机制包括：①在招标准备阶段，增强国防部需求和商业技术发展之间的信息交流。②改变招标方法和合同管理办法，采用商业公司乐于接受的模式。③采取长期合作方式，并对承包商定期考核。④对军工企业在申请并购时实行评价审批制度，以保证政府对重要的军工企业的控制。⑤建立合同管理机构，运用国防合同集中管理方式对军工企业进行控制和管理，包括检查和监督承包商的合同履行过程等。⑥运用国防部驻厂代表办公室或者地区办事处进行控制和管理，它们是国防部合同管理部门的基层组织。目前，美国国防部只要求拥有最低限度的、必不可少的知识产权权益，并鼓励承包商以其知识产权获取商业利润和增加市场份额，或者直接取得知识产权收益。当然，军工企业在保留知识产权权利的同时，也需要履行向合同签订方报告，以及在一定期限内积极实施和优先在美国境内实施等义务。这些也会纳入国防部对合同承包商的考核内容。

在国防知识产权的保密管理上，美国发明保密制度确定的专利保密审查主体包括国防部、国家安全局、能源部以及其他作为美国国防机关的政府部门。这些部门可以通过专利商标局对发明实行保密。因此，美国专利申请保密审查包括两个体系：一是普通发明人申请专利，由专利和商标局进行保密审查，若需保密则上报局长，由专利商标局局长颁发保密命令；二是国防领域的政府下属机构、军队、企业和非营利性组织等受资助方的发明，由国防部进行保密审查，若需保密则上报专利商标局局长，由局长颁发保密命令。

根据专利申请的不同，对应三种不同等级的保密。和平时期，保密命令为期1年，根据需要，可以延长；每次延长保密期1年。如果保密命令于战时或者紧急状态期间发布，那么战时和战争停止后满1年之后，或者紧急状态结束满6个月之后，原保密命令失效。相应地，专利商标局对受到保密命令约束的专利申请进行实质审查；如果该发明应当被授予专利权，专利商标局将根据具体情况，推迟授予该发明专利权。专利申请人因执行美国发明保密制度而受到的损失，可以请求赔偿；如果认为保密命令有错，可以提出异议。

（二）国防技术交易服务和中介机构建设

国防技术与一般技术成果不同，其面对两个技术交易市场。既面向国防军事系统内部的交易市场（虽然其实质市场属性有限，但是也承担技术资源通过许可与转让的方式进行统筹分配的职能）；同时也面向一般民事领域的技术交易市场（在参与这一市场时，国防技术同高校、科研机构一样，具有市场经验和专业能力欠缺的问题）。因此，国防技术交易的推进需要专业服务机构和中介机构的参与，一方面提升国防系统内部的资源优化配置水平，另一方面在其面向真正交易市场的过程中为其提供市场指导和帮助。

参考文献

［1］朱雪忠，乔永忠，等. 国家资助发明创造专利权归属研究［M］. 北京：法律出版社，2009.

［2］姜丹明. 知识产权法精要与依据指引［M］. 北京：人民出版社，2005.

［3］易继明. 美国国防领域知识产权的管理模式［N］. 中国科学报，2019-05-14（8）.

［4］李俊杰，李昌胜. 军民融合知识产权转移转化机制研究［J］. 知识产权，2018，12.

第五章
技术营销

本章主要介绍技术转移过程中的技术转移机构，以及技术经理人；此外，还介绍了高新技术及高新技术产品的营销流程和策略。

一、技术转移机构

（一）技术转移机构的诞生

技术转移机构是指为技术转移过程提供服务的机构。技术转移机构是知识经济的产物，人类社会从工业经济过渡到知识经济，知识的生产、运营和价值实现成为经济发展的关键动力。技术转移机构正是知识专业化分工的结果，一方面大学内部的发明创造者既要专注于研究，又要寻求技术的购买者；另一方面，企业往往求助于专家对购买的技术的市场价值做出评估，这都为技术转移机构的产生创造了机会。技术转移机构服务于技术的生产、流动和扩散过程，客观上促进了技术创新价值的发掘和实现。

我国于2008年颁布的《国家技术转移示范机构评价指标体系（试行）》也体现了技术转移机构的中介性质，将技术转移机构定义为"为实现和加速技术转移提供各类服务的机构。包括技术经济、技术集成与经营和技术融资等服务机构等。但单纯提供信息、法律、咨询、金融等服务的除外"。

技术转移机构从来源上，有大学、科研院所设立的技术转移办公室，如美国斯坦福大学的技术转移办公室；有企业设立的从事技术交易、技术咨询和技术运营服务的机构，如清华科威国际技术转移有限公司；有政府主导设立的专门从事科技成果转化和交易的机构，如中国技术交易所。技术转移机构来源的多样性决定了技术转移机构形态的多样性。在我国，技术转移机构在形态上，既有事业单位性质的研究机构、公司，也有联盟、协会等社会团体。

（二）技术转移机构的核心功能

从技术转移机构发展的过程来看，对于技术转移机构的功能，实际上有两种不同的观念。

1. 技术市场观

技术市场观认为技术转移的核心问题是供需对接的问题，就是技术的供应方找不到（或不知道）需求方，而需求方找不到（或不知道）供应方。所以技术转移机构的功能就是构建一个市场，把供给方和需求方集中在一起，彼此知道对方的存在，这样技术交易就会顺理成章地发生。在这种观念下，技术转移机构所做的工作就是从技术供给方搜集技术成果信息，从技术需求方搜集技术需求信息，然后做好信息公开和推送。技术转移机构的核心能力是信息的搜集和交易服务。实践证明，这种将技术看成商品，技术供给和需求可以直接对接的想法存在很大的局限性。技术不同于一般有形商品的属性也凸显出来，技术的不确定性、复杂性、缄默性和科研成果与产业应用技术的形式差异，决定了技术在很大程度上并不是"直接可交易"的，由此也限制了技术市场功能的进一步发挥。

延伸阅读

制度经济学中的两种资源配置方式

技术市场的叫法，可以说是源自我国特殊的制度改革路径的一个"概念包裹"。按照制度经济学的理论，配置资源的方式有两种：一种是市场手段，通过交易实现；另一种是企业内部的，通过行政命令的手段进行配置。究竟采取哪种方式，取决于交易成本的高低。就单纯的技术要素来讲，主流的配置方式并不是市场手段，因为技术的不确定性、缄默性和专业性，导致市场交易成本过高。所以，独立研发、合作研发和创业，是技术转移的主流方式，这些方式从理论上讲，是非市场的配置方式。一家企业和一所高校针对某项技术进行联合研发，在合同订立之后，整个研发活动，包括技术在组织间的转移，实际上是通过行政的方式进行的，而不是频繁地到市场上购买。所以，我国的技术市场机构，不应该受限于市场的概念，而要主动向交易的前端和后端延伸，促进机构能力的升级。

2. 技术接力观

技术转移活动中，有很大一部分技术并不是直接可交付的技术，需要经历再开发的过程。尤其对于从高校和科研院所出来的科研成果来说，到能够直接在企业中应用的技术，还有很大的差距，同样需要经历再开发的过程。一般来讲，高校和科研院所的核心能力是基础研究，企业的核心能力是应用技术开发。与技术市场观不同，技术接力观不认为只要让技术的供给方和技术的需求方知道对方存在就可以完成技术转移的过程。技术转移观念认识到技术供给方——高校和科研院所，与技术需求方——企业之间的能力差异，任何一方都不具备推动技术度过中间阶段的能力。所以，技术转移机构的功能是从事或者至少服务于技术从科研成果到可应用技术的技术开发过程。技术转移机构需要具备或有能力组织起力量推动技术的产业化过程。

技术转移机构需要具备一定的技术开发能力，这种能力介于基础研究和应用开发之间；而在资产特性方面，技术转移机构的资产处于通用性资产和专用性资产之间。技术转移的接力观符合技术转移机构的实际发展情况。多数技术转移机构都具备了一定的技术开发实力，并配置了一系列针对小试用、中试阶段的技术开发平台。

（三）技术转移机构的类型

从技术转移机构的发展历程来看，技术转移机构围绕技术转移过程不断进行能力扩展，即根据实现技术转移价值的需要，在原有的能力之上，向整个技术转移链条的前端和后端叠加新的能力。从整体来看，根据技术转移机构的核心功能及对应的能力，可以将技术转移机构分为以技术交易服务为主的1.0版的技术转移机构、以技术解化服务为主的2.0版的技术转移机构和以创新资源整合为主的3.0版的技术转移机构。我国大多数技术转移机构实际上处在1.0版的状态，大众创业、万众创新的兴起和众创空间的建设，极大地推动了我国技术转移机构从1.0版向2.0版发展。

1. 1.0版的技术转移机构

1.0版的技术转移机构以技术交易服务为主，服务内容包括信息检索、技术咨询、专利申报、技术合同登记等。1.0版的技术转移机构缺少增值服务能力，服务能力较差，因为需要技术成果有很高的成熟度，可像商品一样进行直接交易，服务层次是单个技术交易，对供需双方和整个产业发展都缺少影响力。我国大多数技术转移机构都是1.0版的技术转移机构，包括各地的技术交易市场和技术咨询服务公司。

2. 2.0版的技术转移机构

2.0版的技术转移机构以技术孵化服务为主，服务内容除了有1.0版的技术交易服务，还增加了孵化能力。孵化能力主要包括技术开发能力和投融资服务能力。因此，2.0版的技术转移机构往往通过外包、联合或是自建的方式拥有众创空间或孵化器、技术开发平台、中试平台、创投基金等。拥有技术开发的服务能力和投融资服务能力（两者共同形成技术创业孵化能力）是2.0版的技术转移机构相对于1.0版的技术转移机构的最大特点。2.0版的技术转移机构的服务层次是企业，即在技术元素上增加了团队和组织元素。一方面帮助企业熟化技术，另一方面也帮助企业解决场地、融资、管理等方面的问题。在此情况下，技术转移机构已经超越了技术转移服务的范围，不是被动地为技术供给方或是需求方发起的交易提供服务，而是主动地介入所孵化的企业的发展，满足各种需求。技术转移机构要筛选孵化项目，就必须对技术的价值和产业趋势有足够的了解，这就对技术转移机构的能力提出了更高的要求。

3. 3.0版的技术转移机构

3.0版的技术转移机构以整合创新资源为核心能力，在2.0版的技术转移机构的能力之上，增加了对整个高技术产业创新资源的运作能力。这里的创新资源可以是专利，也可以是高技术企业。可以说，3.0版的技术转移机构是高新技术产业的"战略投资者"。掌握对高新技术产业创新资源的运作能力，要求技术转移机构至少做到以下两点：

第一，拥有强大的资本实力。对创新资源的整合是通过资本手段实现的，无论是购买高价值专利形成专利池，还是投资、收购高潜力企业进行整合，都需要强大的资本实力作支撑。

第二，拥有高超的技术预见和开发能力。3.0版的技术转移机构对技术资源的整合是建立在技术趋势预测的基础之上的。一方面，提前储备"未来"技术，等技术升值后"待价而沽"；另一方面，通过不同技术的集成，获取"1+1>2"的增值收益。这些都需要洞察产业的技术趋势，对技术的价值做出准确评估。此外，3.0版技术转移机构还对潜在技术进行进一步开发，这就要求自身具备强大的技术研发实力。

（四）技术（产权）交易机构

技术（产权）交易机构是以企业和产业需求为导向，整合创新要素和创新资源，提供技术孵化、技术转让、技术咨询、技术评估、技术投融资、技术产权交易、知识产权运营以及技术信息平台等专业性和综合性服务的机构，是技术转移服务体系的重要组成部分。

据对全国24家主要技术（产权）交易机构调查统计，2018年共促成技术交易9436项，成交金额为716.61亿元，组织技术推广和交易活动833次，组织技术转移培训57079人次，从业人员为1388人。

1. 技术产权交易所的功能

第一，技术产权交易所可为中小创业企业（者）在企业公开发行股票前提供持续性的私募机会，使其通过产（股）权融资方式完成达到上市标准的孵化和培育过程。

第二，技术产权交易所可以为创业投资提供出口，增加企业产（股）权的流动性，便于早期投资者尤其是创业投资公司退出。

第三，技术产权交易所实行集中挂牌交易，透明度高，可按交易程序引进竞价机制，容易形成合理的市场价格。

第四，技术产权交易所将创业资本私募市场上各种交易信息迅速、准确地提供给投资人，并保证信息的权威性、及时性和公开性。

第五，技术产权交易所制定完善的管理规则，严格督促上市公司和交易商及时披露有关财务信息，防范交易商与上市公司侵害客户利益及其他违法行为，进而保护投资人的利益。

2. 技术产权交易所模式的类型

1999年12月，我国第一家技术产权交易所——上海技术产权交易所成立。2000年10月成立的深圳国际高新技术产权交易所则是由深圳9家风险投资机构采取股份有限公司形式设立。随后，北京、成都和武汉技术产权交易所相继成立。经过十几年的发展，我国的技术产权交易模式已经形成了以整合区域优势资源为基础的多元化区域性技术产权交易发展格局，归纳起来有以下几种：

上海模式：以上海技术产权交易所为代表的上海模式第一次提出技术产权交易的概念，并且第一个将技术产权市场直接定义为资本市场。为了推动上海技术产权交易事业的发展，上海市政府相继出台了《上海市产权交易管理办法》和《上海市促进高新技术成果转让的若干规定》。同时，上海市政府还将上海技术产权交易所定位为服务全国、面向世界的专业化权益性资本市场。上海模式立足于上海数额巨大的国有产权存量，通过政府的强势推动奠定了其在全国技术产权交易中的龙头地位，其核心特征是在技术产权交易发展中实现了产权交易与强势政府推动的结合。

武汉模式：该模式是以武汉光谷技术产权交易所为代表的"孵化器"核心模式。武汉光谷技术产权交易所凭借武汉作为全国第一家科技企业孵化器发源地以及在全国居领先地位的国际企业孵化器基地这一优势资源，成功开发出我国第一个"孵化器企业产权交易系统"。这个系统以孵化企业股权交易为基础，在北京、上海、成都、西安和沈阳设立交易分中心，通过互联网，实行全国联网和交易，武汉则是整个市场的清算中心和网络中心。该交易系统的另一个主要特色是通过引进创业板市场的保荐人制度，保证挂牌企业披露信息的真实性、准确性和可靠性。

中关村模式：中关村技术交易中心实施信息分级分类多层次披露以及技术项目成熟度与风险综合评级系统，对技术信息、技术需求信息、资金信息、政府采购和科技招标信息等交易信息实行分级分类多层次披露。该模式开发出了我国第一个技术项目成熟度与风险综合评级系统，通过这一系统对科技成果及项目的成熟度以及风险做出较为准确的判断，大大节省了交易双方为寻找资金、项目、鉴别项目所付出的高昂交易成本，提高了项目投资的成功率。

广州模式：广州模式的主要代表是于2001年12月成立的广州技术产权交易所。该模式的主要特征是"精品模式"，其思路是立足于软件和生物医药这两个在全国居领先地位的科技产业，从软件业、生物医药业中精选出一批具有国内外领先水平的科技成果及项目进行精品化推介，旨在占领技术产权交易的高端市场。

深圳模式：深圳模式的主要代表是深圳国际高新技术产权交易所，该模式的主要特征是"创业投资＋上市公司"。深圳模式充分依托深圳的"高交会"、全国最大的创业投资基地、主板市场和创业板市场等优势资源，将目标市场定位于创业投资市场及上市公司市场。

延伸阅读

深圳市技术交易平台相关政策动态

《深圳经济特区科技创新条例》（简称《条例》）设立了知识产权和科技成果产权交易平台。《条例》落实《先行示范区意见》关于"探索知识产权证券化，规范有序建设知识产权和科技成果产权交易中心"要求,通过立法对深圳建设该中心做出了制度设计,明确了该中心的定位及主要职责,推动该中心为各类知识产权和科技成果产权提供规范、高效的全流程交易和增值服务,为深圳的科技创新提供更强有力的支撑。

相关条文如下:

第四十一条[知识产权和科技成果产权交易平台]深圳证券交易所设立的知识产权和科技成果产权交易平台,可以开展下列业务:

(一)知识产权和科技成果产权交易业务,以及权属存证公示、挂牌展示和承接技术合同登记等配套业务;

(二)知识产权证券化、股权转让以及规范管理等技术市场对接资本市场业务;

(三)知识产权和科技成果产权跨境交易业务;

(四)提供知识产权和科技成果产权宣传推广、教育培训、业务咨询和保护协作等公益性服务;

(五)经主管部门批准的其他业务。

鼓励高等院校、科研机构、企业依托知识产权和科技成果产权交易平台,开展职务科技成果转化以及知识产权、科技成果产权和股权交易。

延伸阅读

中国技术交易所介绍

中国技术交易所,简称"中技所",2008年经国务院批准设立,注册地在北京市中关村科技园区海淀园,由北京产权交易所有限公司、北京高新技术创业服务中心、北京中海投资管理公司三家机构发起成立，后增加中国科学院国有资产经营有限责任公司为第四家股东单位。根据北京市政府和相关部委对中技所功能定位的要求，中技所致力于建设立足北京、服务全国，具有国际影响力的技术交易中心市场。中技所自组建以来，加强与境内外同业机构的合作，积极创新交易品种和服务内容，着力打造"技术交易的互联网平台""科技金融的创新服务平台"和"科技政策的市场化操作平台"。

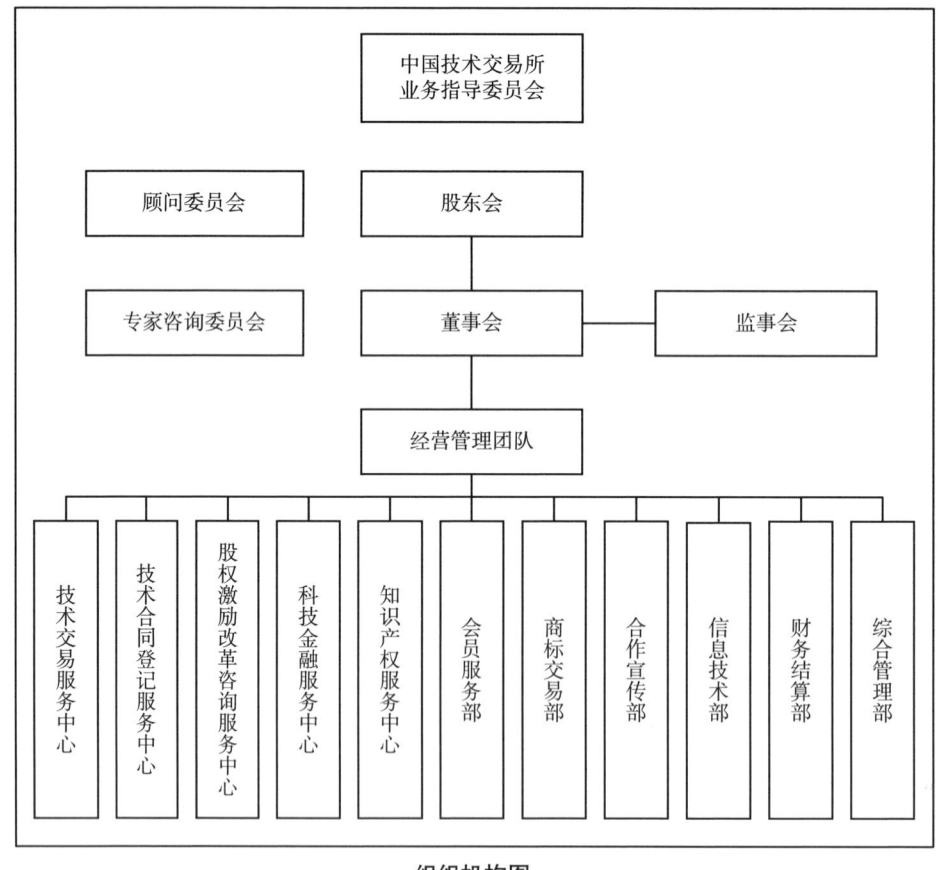

组织机构图

```
技术转让方申请、登记 → 中国技术交易所 ← 意向受让方申请、登记
签订《技术交易委托合同》 ↔              ↔ 签订《技术交易委托合同》
                    ↓                ↓
        技术挂牌披露信息        受让意向进入交易系统
        技术产品进场展示
                    ↓
              进行项目匹配
                    ↓
             定向推荐、供需见面
                    ↓
              交易双方签订合同
                    ↓
               进场结算交割
                    ↓
               出具交易凭证
                    ↓
              办理变更登记手续
```

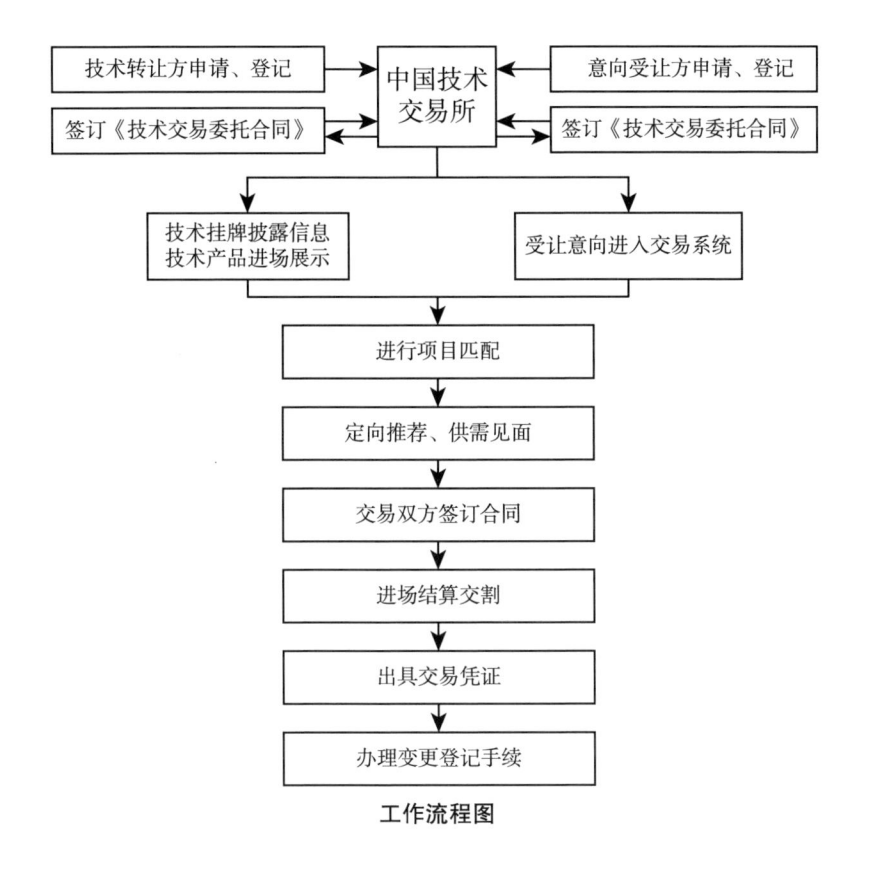

工作流程图

在技术交易方面，中技所在全国率先推出专利拍卖、能力交易等服务；在科技融资方面，中技所与北京产权交易所、北京金融资产交易所联合搭建"中国中小企业信息披露与融资交易平台"。中技所还被国家知识产权局选定设立为"国家专利技术（北京）展示交易中心"。

中技所设有技术交易服务中心、知识产权服务中心、科技金融服务中心、股权激励咨询服务中心、技术合同登记服务中心、商标交易服务中心、会员服务部等核心业务部门。为了更好地服务客户，中技所还搭建了被称为"中国最大的技术交易平台"的技E网，借助技E网，为客户提供更佳的一站式服务体验。

延伸阅读

上海技术产权交易所介绍

上海技术产权交易所是经有关部门批准于1999年12月28日正式成立的具有独立法人资格的综合性技术产权交易所。上海技术产权交易所实行会员制，是国内第一个为高新技术企业提供融投资服务的资本市场。

上海技术产权交易所以促进科技成果、科技企业、成长性企业以及各类所有制企业的股权投资、产权交易和创业（风险）资本的股权投资、产权交易等方面的工作为主要内容；以科技成果和科技企业以及成长性企业的产权为重点交易对象；以产权交易为突破口，吸引海内外投资资金，促进各类所有制企业的产权交易和股权投资，实现各类企业多元投资，营造技术产权与创业资本的汇集中心；形成科技与产业资本、金融资本结合高地。为建设立足上海、面向全国、全世界的科技企业、科技成果、成长性企业的产权交易、股权投资以及创业（风险）资本的进入和退出市场，建立技术创新融投资及创业（风险）资本良性机制而积极努力。

上海技术产权交易所的交易方式是：实行交易所会员主导下的委托代理，市场参与者必须委托会员代理出让或购买挂牌项目，会员则按规定收取代理佣金。这种交易模式的最大特点是能够充分发挥会员单位资金、信息的汇集功能，扩大在各国范围内的综合辐射作用，使上海技术产权交易所提供更为全面的中介服务，成为信息、资金的交换平台。

上海技术产权交易所的目标是：解决各地科技成果转化和产业化过程中科技与产业资本、金融资本结合之间存在的障碍及融投资瓶颈问题，建立起资金、信息能够快速流动的符合市场需要的技术产权市场。

经营范围

交易所主要从事科技成果转让和交易，企业股权投资和产权交易。

经营方式

1）为科技企业股权投资、技术产权交易提供场所、信息、咨询等服务。

2）进行科技成果产权的转化与交易，以及企业的股权投资产权交易。

3）通过发挥市场功能，为寻求资本的项目（卖方）和寻求项目的资本（买方）提供融投资服务并促成交易。

4）为待售项目提供资格审核、挂牌上市服务，为待购资本提供投资的进入与退出通道。

5）为交易的买卖双方提供成交鉴证服务。

交易品种

1）经认定的高新技术成果。

2）公司制科技企业产权。

3）非公司制科技企业产权。

4）成长性企业产权。

5）依法批准的其他科技产权。

6）各类所有制企业的产权。

交易方式

1）实行交易所会员主导下的委托代理。

2）市场参与者不能直接进入现场交易，必须书面委托交易所会员出让或购买产权。

3）非交易所会员单位不能直接入场交易，只能委托交易所有资格的会员进行交易。

4）交易所会员根据交易所规定向委托方收取代理佣金和委托交易保证金。

委托程序

1）委托申请——市场参与者书面委托会员出让或购买产权。

2）核查登记——交易所对提出申请的交易内容进行审核登记。

3）发布信息——以计算机联网的方式对交易内容以多种形式发布。

4）洽谈协调——交易双方就交易的实质性条件进行谈判协商。

5）合同签订——就交易的实质性条件达成协议，订立交易合同，并经交易所鉴证。

6）变更登记——交易双方持交易所鉴证的交易合同到有关部门办理变更手续。

会员资格与申请

具有独立法人资格的资产经营机构、投资机构、投资基金、风险基金、企业和企业集团、海外投资机构，凡属以上范围机构者，均可向交易所提出入会申请，交易所将根据有关规定予以审核批准，接纳申请人为会员，申请具体事项请与上海技术产权交易所发展部联系。

会员权利

1）从事自营和代理交易业务，收取代理佣金。

2）享有本所提供的交易信息及其他服务。

3）享有对交易所事务的提议权、监督权。

4）经本所批准，会员有权转让席位或退出本所。

会员义务

1）遵守国家的有关法律、法规和规章制度。

2）遵守本所的章程、交易规则、会员管理办法及相关规章制度，执行本所决议。

3）按规定交纳各项经费和提供有关信息资料。

4）接受本所的监督和管理。

二、技术经纪人

技术经纪人是指在技术市场中，以促进成果转化为目的，为促成他人技术交易而从事居间、行纪或代理等经纪业务，并取得合理佣金的自然人、法人和其他组织。在技术市场上，技术经纪人是联系着成果与企业，让科技和市场有机结合的桥梁。广义上的技术经纪人包括为技术交易提供中介服务的个人和组织机构（如技术经纪机构、技术信息咨询机构、技术市场等），而狭义上的技术经纪人则专指为技术交易提供中介服务的个人。

如何让更多科技成果更快更好地转化应用，这是一道令全世界头疼的难题。长期以来，科技成果转化难的一个重要原因是信息不对称。比如，双方讨论一项技术时，科研人员通过实验参数来说事，而企业方有时根本听不懂新技术的"奥妙"；对企业经营者关心的投入产出比、回报率、市场优势等问题，科研人员则很难接得上茬。而既懂市场又懂技术的技术经理人，恰恰能成为弥合这一沟通鸿沟的"黏合剂"。在科技服务业起步较早的美国，技术经理人行业已然兴盛。以美国斯坦福大学为例，具有理工科、商科、法律等多学科专业背景，能提供技术分析、专利策略构建等形式多样转化服务的专业成果转化人员超过50人。而在中国，各一流高校、科研院所的技术经理人队伍均未达到这一规模。

技术经纪人在促进科技成果转化中的作用可以归纳为下列几个方面：

1）沟通作用：技术经纪人一方面受买方委托，在众多的专利和科技成果中，为买方介绍、选择适合其需要的科技成果，做买方的忠实顾问；另一方面，受卖方委托，向客户推销专利和其他科技成果，宣传介绍这些科技成果的性能特征，使它们能在技术市场上迅速出售。此外，技术经纪人还要收集技术成果的供给和需求信息，并通过各种渠道将其发布。

2）调节作用：技术经纪人对技术商品的供求平衡起到了调节作用。由于技术经纪人掌握信息快，了解市场需求，能很快地将技术商品供求信息传递给供需双方，这样科研部门可以根据市场需求及时调整科研方向，使科技成果成为社会所需；生产部门也可以选购市场急需的技术，生产市场需要的产品。

3）评估作用：技术经纪人对科技成果的可靠性、成熟性、先进性、配套性、市场容量、生命周期等进行综合评估，目的是给科技成果定价，为技术交易双方谈判提供一个合理的参考价格，只有对科技成果做出准确科学的评估，才能使科技成果顺利地转让。

4）组织作用：技术经纪人以熟练的业务能力和丰富的市场经验，为科技成果转让工作从谈判、签约到合同实施的全过程提供中介服务。这一作用克服了技术经纪有头无尾服务方式的弊端，提高了科技成果转让的成功率。

5）协调作用：技术经纪人不仅把技术市场供需双方的信息传递给对方，而且还积极主动地参与其中，使买卖双方由原来的不协调变为协调，由原来的对立或对抗转变为合作。

6）经营作用：技术转移往往伴随着诸多风险和不确定性。技术经纪人通过筹资融资、对技术成果的二次开发、新产品的鉴定、质量认证、产品促销等手段，把技术经纪和技术经营结合起来，促进了科技成果的成熟化和完善化，增强了科技产品的竞争力，消除了技术引进方的后顾之忧。

1997年，原国家科学技术委员会（今科技部）颁布了《技术经纪资格认定暂行办法》和《全国技术经纪人培训大纲》，对技术经纪人和技术经纪人的资格认定做了明确的规定。从那时起，我国对技术经纪人队伍的培育进入了全面启动时期。在中央和各省的科技、教育以及工商部门的共同组织下，全国广泛开展了技术经纪人短期培训。经过几年的建设，我国职业技术经纪人的队伍不断壮大。

按照《技术经纪资格认定暂行办法》的规定，全国技术经纪资格认定工作由原国家科学技术委员会统一管理。技术经纪资格认定所需的培训考核大纲、教材由原国家科学技术委员会制定、编写。

当前，我国的技术经纪人资格认证还存在一些缺陷，技术经纪人在工作内容上归属于政府的科技管理部门，而资格认证、年检却归属于工商管理部门，在管理上存在一定的脱节，各地区的资格认证标准不细化也不统一，考试、认证往往流于形式。技术市场真正需要的职业技术经纪人"贵在精，而不在多"，建设高水平的职业技术经纪人队伍，提高进入门槛，严把质量关成为关键，国家应当进一步细化、完善相关的法律法规，采取更加严格的全国统一考试认证制度。

三、营销流程

技术营销主要是供方围绕市场需求，单独或与其他企业合作开发出有潜力的技术，然后通过技术转移机构加以转让或者自己使用技术生产和销售产品。在采取营销行为之前，技术转移机构首先要建立营销思想，将技术转移的目标定为投资回报、利润和社会财富的最大化，并落实到具体的营销行为上。

（一）调查

在某一技术的立项、研究或者开发之前，研发机构应当对所开发技术的市场状况、技术发展规律和个人兴趣等进行调查与分析。市场调查与分析是技术营销的第一步，也是最关键的一步，做好了市场调查，才能有效支持技术研发决策的精准性。

1. 基本原则

技术市场的调查需要遵循以下基本原则：

1）真实性：保证市场调查结果的准确性，客观地反映新技术的市场情况。

2）针对性：调查的范围、对象要围绕新技术进行。

3）及时性：技术市场发展瞬息万变，调查行为要积极，要跟上市场变化。

2. 调查方式

调查的主体包括调查人员和调查监督人员。调查人员可以采取以下方式进行市场调查：

1）抽样调查：对潜在的技术用户进行抽样书面调查。

2）面谈：组织设计人员或销售人员对潜在用户或正在使用该技术的用户进行面对面的访问，访问结束后调查人员填好用户访问登记表并写出书面调查汇报。另外，销售人员应利用各种与用户接触的机会，征询用户意见，收集市场信息，写出书面汇报。

3）书面材料的整理：收集日常用户来函来电，进行分类整理，需要处理的问题应及时反馈。

4）用户座谈会：不定期召开重点用户座谈会，交流技术市场信息，反映技术使用意见及用户的技术需求等情况，巩固供需关系。

5）档案管理：建立并逐步完善重点用户档案，掌握重点用户对高新技术需要的重大变化及各种意见与要求。

3. 调查内容

1）新技术的优点调查，包括该技术能否占领市场、占领市场需要多长时间、占有市场能维持多久等。

2）技术的发展状况调查，包括新技术的现状与发展趋势、国内外先进水平情况、技术实施中的技术力量等。

3）对原材料的调查，包括新技术的原材料市场情况、价格情况以及原材料来源情况等。

4）对消费情况进行调查，高校和科研院所面对的顾客多为一些高新技术企业，经营风险较高，高校和科研院所应针对其性质认真研究经济状况、产业结构、科学技术力量等情况。

5）对竞争者相关情况和替代品的调查，通过调查发现问题，及时调整项目，甚至放弃研发或者重新选题，避免资源浪费。

6）进行技术开发机构之间的强、劣分析，通过分析发现自身问题。

7）市场需求信息的收集、传播和沟通，既要收集市场信息，又要向市场用户传播技术成果和开发能力等信息。

案例精选

柯达公司的市场调查

以彩色感光技术先驱著称的柯达公司，目前的产品有3万多种，年销售额100多亿美元，纯利润在12亿美元以上，市场遍布全球各地，其成功的关键是重视新产品研制，而新产品研制成功则取决于该公司采取的反复市场调查方式。以蝶式相机问世为例，这种相机投产前，经过了反复调查：首先由市场开拓部提出对新产品的意见，意见来自市场调查，如用户认为理想的照相机是怎样的？重量和尺码多大最适合？什么样的胶卷最便于安装携带？等等。根据调查结果设计出理想的相机模型，提交生产部门依据设备能力、零件配套、生产成本、技术力量等因素考虑是否投产。如果不行，就要退出重订和修改，如此反复，直到出样机。样机出来后进行第二次市场调查，检查样机与消费者的期望还有何差距，根据消费者意见，再加以改进，然后进入第三次市场调查，将改进的样机交消费者使用，在得到大多数消费者的肯定和欢迎之后，交工厂试产，试产品出来后，由市场开拓部门进一步调查新产品有何优缺点，适合哪些人用，市场潜在销售量有多大，定什么样的价格才能符合多数家庭购买力。诸如此类问题调查清楚后，正式投产。由于经过了反复调查，蝶式相机一推向市场便大受欢迎。

（二）产品

"产品"是科研机构或高新企业提供给目标市场的技术、产品和服务的集合，既包括产品的效用、质量、外观、式样、品牌、包装和规格，也包括服务和保证等因素。对于高新技术营销而言，高新技术本身的先进性和实用性对客户的吸引力就成为营销的基础。技术研发机构在研发新技术时需要使产品有独特的卖点，把产品的功能诉求放在第一位。

由于技术转移活动一般都会营销一种以上的技术（产品），这就构成了技术（产品）的组合，与此相对应，需要进行新的技术（产品）评估、技术（产品）改进、附加技术服务与支持等，使之更具实用性，易于实现技术转移。

新产品开发就是实现市场进入最基本和最关键的一步。通常，一个完整的新产品开发过程要经历8个阶段：构思形成、构思筛选、概念的形成和测试、市场营销战略设计、商品分析、产品开发、产品试销、正式上市。

（1）构思形成

构思形成即系统化地搜寻新产品主意。调查发现，在100个新产品构思中，有39个能开始产品开发程序，17个能通过开发程序，8个能真正进入市场，只有1个能最终实现商业目标。对新产品构思的搜寻必须系统地进行，不能仅凭一个人"拍脑袋"。通常，新产品构思的主要来源包括内部人员、顾客、竞争者、销售商和供应商及其他人员。对于创业者来说，内部人员、潜在顾客、竞争者将成为主要的构思来源。当然，行业杂志、展览、研讨会等也可能带来一些新的构思。

（2）构思筛选

构思筛选的目的是尽可能地找到好的构思，放弃坏的构思。创业者应该尽可能地规范构思报告。该报告描述了产品、目标市场、竞争，并对市场规模、产品价格、开发时间和成本、制造成本和回收率做出了一些初步估计。在评估和筛选新产品构思时，一般会设计以下问题：产品是否可以真正满足消费者需求？是否符合目标和战略？是否有成功实行这一构思所需的人员、技术和资源？它提供给顾客的价值是否具有竞争力？它的买点和卖点分别是什么？

（3）概念的形成和测试

新产品构思是企业考虑提供给市场的一些可能的新产品的设想，一个好的构思必须发展为新产品概念才能真正指导新产品的开发。新产品概念是指用有意义的消费者术语对构思进行的详尽描述，即将新产品构思具体化。描述出产品的性能、具体用途、形状、优点、外形、价格、名称，以及提供给消费者的利益等，让消费者能一目了然地识别出新产品的特征。概念的测试指用几组目标消费者测试新产品概念。许多企业在把新产品概念转变成实际新产品之前总是会用消费者来测试一下新产品概念。

（4）市场营销战略设计

市场营销战略是指企业在现代市场营销观念下，为实现其经营目标，对一定时期内市场营销发展的总体设想和规划。市场营销战略作为一种重要战略，其主旨是提高企业营销资源的利用效率，使企业资源的利用效率最大化。由于营销在企业经营中的突出战略地位，使其连同产品战略组合在一起，被称为企业的基本经营战略，对保证企业总体战略实施起关键作用。

（5）商品分析

商品分析指考察新产品的预计销售、成本和利润，以便查明它们是否满足企业的目标，如果满足，产品就能进入开发阶段了。

（6）产品开发

此时，市场研究与开发部门就可以把市场概念发展成为产品实体了。它通常包括对新产品实体的设计、试制、测试和鉴定4个阶段。根据美国科学基金会调查，新产品开发过程中的产品实体开发阶段所需的投资和时间分别占总开发费用的30%、总时间的40%，且技术要求很高，是最具挑战性的一个阶段。

（7）产品试销

新产品市场试销是对新产品正式上市前所做的最后一次测试，且该次测试的评价者是消费者的货币选票。通过市场试销将新产品投放到有代表性地区的小范围的目标市场进行测试，企业才能真正了解该新产品的市场前景。市场试销是对新产品的全面检验，可为新产品是否全面上市提供全面、系统的决策依据，也为新产品的改进和市场营销策略的完善提供参考。

并非所有的新产品都需要试销。当开发和推出新产品的成本很低时，或当管理部门对一种新产品很有信心时，也可以较少或不进行试销。特别是简单的产品系列扩展和成功产品的复制品，一般都不需要试销。但是，当推出一种新产品需要很大的投资时，或者当创业者对产品或营销方案不能确信时，企业可进行大量的试销。例如，联合利华（美国）公司在把它的产品利华2000条形香皂成功推向全世界之前，首先在亚特兰大试销了两年。

试销的成本可能会很高，但这与错误造成的损失相比算不了什么，创业者在创业初期往往不允许有一点差错，否则损失的可能不仅仅是金钱和时间，还有创业的信心和激情。

（8）正式上市

如果产品通过了试销检验，决定让产品正式上市，则创业者将面临很高的成本。建造或租赁生产设施，包括产品上市可能需要的广告费用，都面临很大的资金风险。创业者在决定让新产品正式上市的时候要慎重考虑一些问题，如：什么时候上市（推出时机）？什么地点上市？是单一地点还是一个区域、全国市场，甚至全球市场？市场扩展的计划如何？特别是小企业会选择有吸引力的城市或地区，一次只进入一个；而大一些的企业则会迅速地把新产品推向几个地区或全国市场。当然，这也和企业拥有的渠道、资金、品牌以及经验有直接的联系。

（三）定价

"定价"是所有技术转移都面临的重要环节。与普通商品不同，技术这一特殊产品的定价很难，因为一般而言，市场上没有可以借鉴的新技术，而且技术产品不可能大量批发，因此传统的地理定价、价格折扣定价、心理定价不适用于技术产品的定价。目前我国实际应用中经常使用的技术转让定价方法主要有三种，即重置成本法、市场比较法和收益现值法，除此之外的其他定价方法大都是这三种方法的演化，并不同程度地体现了上述定价理论的应用。目前我国实践中比较行之有效的是买卖双方协商定价，具体的许可费或转让费的定价方式参见本书第二章"技术转让与许可"。

虽然技术转移也逐渐成为高新技术企业经营的一部分，但是高新技术企业更多还是通过将技术落实到产品上来盈利，所以下面将介绍一般技术产品的定价步骤。

1. 选择定价目标

企业的定价目标是以满足市场需要和实现企业盈利为基础的，它是实现企业经营总目标的保证和手段，同时，又是企业定价策略和定价方法的依据。一个公司对一个新产品定价可能有多个目标，如生存、销量、市场、利润、竞争等。通常定价目标的选择遵循以下4个原则：

1）利益性原则：能否赚钱。

2）安全性原则：能否顺利入市。

3）竞争性原则：是否有竞争力。

4）持续性原则：是否有持续性。

2. 确定需求

价格会影响市场需求。在正常情况下，市场需求会按照与价格相反的方向变动。价格上升，需求减少；价格降低，需求增加。就奢侈品而言，需求可能与价格正向相关，如香水提价后，其销售量却有可能增加。

企业定价时必须依据需求的价格弹性，即了解市场需求对价格变动的反应。价格变动对需求影响小，叫作需求无弹性；价格变动对需求影响大，叫作需求有弹性。在以下条件下，需求可能缺乏弹性：①替代品很少或没有，没有竞争者。②买者对价格不敏感。③买者改变购买习惯较慢和寻找较低价格时表现迟缓。④买者认为产品质量有所提高，或认为存在通货膨胀等，价格较高是应该的。

当产品的需求有弹性时，在不考虑竞争者的情况下，新产品入市可以用略低的价格来刺激需求，促进销售，增加销售收入。

3. 估计成本

需求在一定程度上为企业确定了一个最高价，而成本则决定着价格的底线。定价中考虑的成本是单位产品的平均成本：

平均成本＝固定成本分摊＋变动成本

固定成本指在短期内不随企业产量和销售收入的变化而变化的生产费

用，如厂房设备的折旧费、租金利息、薪金等，固定成本与企业的生产水平无关。变动成本指随生产水平的变化而直接变化的成本，如原材料费、工资等，如果企业不开工生产，可变成本等于零。

4. 分析竞争者的产品和价格

竞争者的产品和价格也影响着定价决策。公司应首先考虑最相近的竞争者的产品和价格。公司在有市场竞争的情况下为新产品定价，应尽可能地让消费者感到性价比比竞争对手的产品高。

5. 选择定价方法

在制定价格时的3个主要考虑因素：①产品成本。它确定了价格的底线。②竞争者。竞争者的价格和替代产品的价格提供了公司在制定价格时必须考虑的参照点。③顾客。顾客对其独特的产品特点产生的价值评估是价格的最高限度。

公司可以通过在这三个考虑因素中的一个或几个中来选定定价方法，以解决定价问题。前文介绍了常见的定价方法，公司应根据自身的特点和需求选取其中一种或几种结合使用。

6. 选定最终价格

通过以上步骤，公司可以把产品的定价缩小在一个最终的范围。在选定最终价格时，公司还必须考虑一些附加因素，包括心理定价法、收益—风险分享定价法和其他营销因素价格的影响、公司定价政策和价格对其他各方的影响等。

（四）渠道

营销"渠道"是技术从开发机构手中转至消费者手中所经过的各个中

间商连接起来形成的通道,它由位于起点的生产者和位于终点的消费者以及位于两者之间的各类中间商组成。营销渠道是把技术从开发机构转移到企业、用户手里,从而实现其价值、产生效益的各种途径。根据有无中间商参与交换活动,可以将销售渠道分为直接分销渠道和间接分销渠道。

(1)直接分销渠道

直接分销渠道是指生产者将产品直接供应给消费者或用户,没有中间商介入。直接分销渠道是工业品分销的主要类型。例如,大型设备、专用工具及技术复杂的装置等需要提供专门服务的产品,都采用直接分销,消费品中有一部分也采用直接分销类型,如安利等。

(2)间接分销渠道

间接分销渠道是指生产者利用中间商将商品供应给消费者或用户,中间商介入交换活动。随着市场的开放和流通领域的活跃,我国间接分销的商品比重增大。企业在市场中通过中间商销售的方式很多,如厂店挂钩、特约经销、零售商或批发商直接从工厂进货等。分销渠道按通过流通环节的多少可分为长渠道和短渠道,按渠道的每个环节中使用同类型中间商数目的多少来划分宽窄,还可以根据选择渠道的结构分为单渠道和多渠道等。

高新技术的研发者、高新技术产品的生产者以及技术转移机构需重视营销渠道建设。渠道不像产品、价格、促销等营销要素那样富有弹性、易于转换、可选择面广,渠道的建设期长,不易更改。目前,我国高新技术或高新技术产品的营销渠道建设并不健全,渠道设计观念陈旧,渠道设计中的利益失衡且营销网络选择组合不当,这些制约性因素都限制了我国高新技术的转移以及高新技术产品的市场推广。高新技术(产品)的营销渠道建设可以从以下四个方面展开:

第一,营销机构需要创新营销渠道观念,建立以客户为中心的营销渠道。一般而言,技术或产品开发是工作的第一步;然后建工厂,购买设备和原料,再开始生产,最后组织营销。按这种程序,一旦大批量或高成本地投入研发或生产，原有的或不健全的销售网络很难顺利地将巨大的生产能力传递到消费领域。科研机构或高新技术企业可以考虑先建立销售网络，再根据市场需要进行技术研发或产品生产。日本松下公司、美国 IBM 公司等企业都是以建立分销网络为起点的，它们的成功经验证明这一点是可行的。

第二，建设纵向一体化的营销渠道系统。一体化的营销渠道系统的实质在于把市场交易内部化，降低加工成本，通过生产商、批发商的合作，在联合、生产销售、购货、控制成本以及其他领域获得经济实惠。国外长期推行的代理组织使经销商和生产商以合同的形式订立协议，使供销企业形成了长期稳定的产销关系，便于生产商降低开拓市场、搜集信息所花费的交易成本。

第三，渠道选择策略的创新：分销渠道的"短化"和"宽化"。打破传统金字塔式的销售渠道，摆脱一级批发—二级批发—三级批发—零售商等层次分明的模式，实施超越一级批发和二级批发，直接面向终端经销商和最终消费者的基本销售策略，即采取"短宽型渠道"将分销渠道"短化"和"宽化"。由于高新技术企业营销渠道对控制以及信息的反馈要求高，短而宽的营销渠道是今后的发展趋势。

第四，综合利用各种营销渠道，重视网络营销，建立立体的营销渠道网络。与传统营销渠道方式比较，网络营销具有营销效率高、营销费用低、营销环境开放性强等诸多优势。我国高新技术企业和研发机构应尽快转变经营观念，利用网络这种全新营销渠道的快速、高效、低成本等优势，尽快进行网络建设。精心设计一整套网络营销规划。除此之外，应结合传统的营销渠道和途径，比如参加成果直销或展览、技术信息发布、与企业之间进行技术洽谈等，建立一个立体的营销渠道网络。

案例精选

由惠普看 IT 企业渠道管理

随着中国 IT 市场规模的扩大和竞争的加剧，渠道的竞争逐渐成为 IT 企业市场竞争的主旋律，如何进行有效的渠道管理正成为 IT 企业热切关注的问题。调查表明，来自美国硅谷的惠普公司在这方面可谓口碑颇佳。

惠普的营销分两部分。首先是纵横配合的矩阵式管理体系。横向上除北京总部外，惠普公司在上海、广州、成都、西安、沈阳 5 个城市设有分公司，这样不仅可以使分公司根据各区的实际情况组织各自的市场策划和渠道管理，而且使总部得以从繁杂的业务中解脱出来，将主要精力放在全国市场的协调和研究策划上。纵向上按照产品种类设置互相独立的产品经理，这样根据产品的不同特性提供不同的销售支持，分工明确。这一体系只是对渠道进行管理和提供服务与支持，本身并不销售。其次是长宽相宜的二级分销渠道，惠普信息产品事业部的产品全部通过该渠道进入最终市场。将渠道严格控制在两层，便于在价格、进货等方面进行管理，避免恶性竞争。同时惠普严格控制中间商数量，并采用经销制，选择覆盖全国或某地区的信誉好的中间商。目前，信息产品事业部仅拥有联想科技发展公司上海华东电脑公司、怡海电子资源（中国）公司等 9 家一级分销商，并且认证 50 多家二级经销商，这样既达到一定覆盖面，又便于控制。

在渠道的管理中，惠普除采用销售奖励计划等多种措施激励经销商外，更重要的是对各级经销商的有力支持。在众多的支持措施中，颇具特色的有 3 点：

1）信息流通。1998年，惠普公司信息产品事业部向各级经销商正式开通了APCIC（Asia Pacific Channel Information Center）渠道专用站点。运用互联网最新技术的APCIC的使用对象为惠普公司的一级和二级经销商。各级经销商可以从APCIC上获得惠普公司最新发布的产品信息、市场活动报道、服务支持等，并且一级分销商还可以查询各自的业务状况。惠普公司也能通过网络平台从经销商那里获得必要信息，在网上进行业务往来。除了APCIC的使用，惠普还向经销商提供《经销商纵横》、产品资料等大量信息资源的支持。

2）维修服务。作为经销商的坚实后盾，惠普公司自己建立的维修网覆盖全国近50个重要城市，由近百家授权维修机构组成。所有授权维修中心的建立、发展都要经过严格的考核、认证，并由惠普公司各地的维修管理中心（ESO）统一管理。

3）培训机制。惠普首创"经销商大学"，旨在向经销商传授惠普的领先产品技术及先进的管理经验，以帮助经销商不断壮大。其授课地点主要是在新建成的"惠普信息产品培训中心"，内部配置了惠普全线信息产品和现代教学设施。培训的课程分产品培训、技术培训和经营管理培训三大部分，教学方式灵活多样，有案例教学、参观教学、函授自修和研讨等7种，所有经销商的销售人员、技术支持人员和经营管理人员均有机会参加这里的培训，这对提高渠道的质量和规范性起到了一定的作用。

（五）促销

"促销"是把技术信息传达给目标市场的方式，通过促销手段可以更进一步有效地引导、刺激技术转移。

技术研发或转移机构应根据不同的技术类型、市场环境以及技术（产品）消费者来制定促销策略。常见的促销策略有：

(1) 链式营销策略

链式营销是一种效果较佳的促销手段，即利用老顾客对产品的宣传推介进行销售。由于链式营销利用人际关系推介，所以成功率很高。这种链式营销延伸滚动推介，对高新技术和高新技术产品的销售十分奏效。链式营销的首要前提是客户对技术开发机构或者高新技术产品生产企业的品牌满意度、忠诚度高。链式营销主要采取口头传播方式。由于高新技术及高新技术产品的更新阻碍了用户对产品的认识与选择，因此，口碑传播是重要的促销环节之一。

(2) 两步信息流程促销策略

第一步信息流程是指技术开发者的技术或产品信息通过网络、电视、报纸、广播等大众传媒传播给目标受众。由于传播时间短，从信息的发出到目标受众接受的过程中没有任何中转环节，到达率较高，在较短的时间内就可以在较多的社会公众中形成舆论热点，促使更多的人去关注高新技术和高新产品。第二步信息流程则通过"意见领袖"完成。意见领袖是指对产品与企业有发言权，能够施加影响的组织与个人。在高新技术产品市场中，与企业有关的销售链（供应商、代理商、批发商、零售商）、风险投资者、金融家、新闻记者、报刊评论员、经济分析员、律师、产业界的知名人士、控制该产业的信息流（学会、协会等组织，内部定期或不定期的专业信息资料）以及广大用户等一切对产品与企业有发言权的专业人士、高层人士都是意见领袖最重要的部分。意见领袖通过对他们接收的信息进行加工、整理、强化，再传输给目标顾客，从而使企业及产品的信息更及时地、以最易理解的方式传达到目标顾客手中，从而提高促销效果。因此，技术研发机构或高新技术企业必须与意见领袖中的关键人物建立联系，发展友谊，随时向他们提供企业技术进展情况，召开产品信息发布会、技术示范座谈会，请专家向听众讲解新产品的技术性能与发展前景。他们的观点、看法对高新技术产品的潜在用户是最具权威性的。

（3）宣传与营业推广相配合策略

营业推广是一系列直接刺激购买的行销活动的总称。比如：折扣让利、有奖销售、售前售后的特别服务项目、演示销售等。由于高新技术和高新技术产品是以技术本体流通为主的产品，所以专家在流通中的诠释作用十分重要，而这种诠释往往直接来自技术研发机构或主要代理商。

（4）情感促销策略

情感促销策略是将精神、文化、情感、人文等因素融于高新技术促销过程的一种策略。对于高新技术市场营销来说，在技术日新月异的前提下，要寻求增进感情的方式和满足人们精神文化需要的途径，保证高新技术迅速占领市场。

一方面，研发机构或高新技术企业要对高新技术产品形象进行美化处理。现代高新技术市场营销中许多产品的名称、品牌商标、包装装潢及造型设计本身就有丰富的精神文化价值。例如，"长征"系列运载火箭、"蓝色巨人""英特尔""奔腾"微处理器等，均以人们易于接受的、经过美化处理的品牌形象打入市场。

另一方面，促销过程在策略设计上附加大量的精神文化因素也是一条有效途径。高新技术企业在设计和组织促销活动时要融入大量的情感手段与方法，教育、培训以及完备的售前、售中、售后服务在二次开发商、经营者和用户之间架起了一座直接交流的桥梁。在一般情况下，只要能够站在顾客的角度为其出谋划策，使其了解技术或产品的优点和购买技术或产品所能获得的利益，生意大多可以成功。

（5）社会责任促销策略

技术水准越高，技术创新越快，受到社会公众关注的程度也就越高，对社会经济、政治、文化及伦理道德范畴的影响也就越大。有意识、有计划地利用社会责任意识来促进销售是有效的策略之一。例如，我国的青岛海尔冰箱在国际上率先采用无氟制冷技术，抓住环保这一长期热点在国际上赢得荣誉，以技术创新赢得了效益。

（6）品牌联合促销

品牌合作作为一种新型的展示品牌、树立形象的重要促销手段，是基于两个目标一致的品牌之间的战略营销同盟。品牌联合的形式包括：①强强联手：两个极富美誉度的品牌互相辉映、相得益彰。②互补合作：一般发生在地位相异的品牌之间，比如著名品牌与区域性品牌之间的品牌合作促销。③游击方式：当合作品牌的地位悬殊时，在短时间小范围内的合作。这时弱势品牌欲借势于知名品牌，而知名品牌也可借机强化声望，只是知名品牌此时通常是出名不出力，坐享其成。

（7）专利申请策略

对于高新技术研发机构以及高新技术企业而言，申请专利也是一种具有实用价值的促销方式，因为专利技术给使用者带来的不仅是技术本身的价值，而且由于其法律保护的作用会给使用者带来市场竞争的优势，使其获取更大的经济利益。现在企业购买技术，首先关心的是这项技术是不是专利，可见专利技术不仅可以促进技术转移的实现，而且可以增加技术转移的附加值。

延伸阅读

商标的品牌促销作用

商标在品牌诸要素中是最重要的选择，因为它是最直接、最有效的信息传播工具。如果商标命名得好，可以刺激消费者的感官从而留下印象，产生联想和触动，甚至商标本身就是一句最简短、最直接的广告语。著名品牌策略大师艾·里斯说："实际上被灌输到顾客心目中的根本不是产品，而只是产品名称，它成了顾客亲近产品的架构。"正因为商标是和消费者对商品和服务的印象紧紧联系在一起的，并且在品牌经营过程中起着重要的作用，因此商标在命名之前往往要经过深思熟虑和调查研究。

"金利来"商标的创立者曾宪梓先生最初给自己的领带品牌起名为"金狮"，并兴致勃勃地将两条"金狮"领带送给他的一位香港亲戚，没想到那位亲戚拒绝了他的礼物，并不高兴地说"金输、金输，金子全给输掉啦"。原来，在粤语中，"狮"与"输"谐音，自然引起反感。

当晚，曾先生彻夜未眠，绞尽脑汁改"金狮"的名字，最后终于想出个好办法：将"金狮"的英文名"GOLDLION"由意译改为意译与音译相结合，即"Gold"仍为意译"金"，而"Lion"（狮）取音译，为"利来"，合起来即为"金利来"。金利来，金与利一起来，谁听了都高兴！于是，"金利来"商标诞生了。曾先生又突发奇想：中国人很少用毛笔写英文，我用它写，不就是很特别的字形吗？于是他在纸上用毛笔写成了"GOLDLION"，再让设计人员整理安排好，这就是现在"金利来"的英文标志。曾先生又用一枚钱币画了一个圆，用三角尺画了个"L"，一个优美的商标图形便形成了。商标改变以后，"金利来"果然一叫就响，成为驰名中外的领带品牌。

"金利来"的成功，关键是商标命名定位好，并且与其原名称形成了鲜明的对比。商标命名能否有效地打开一个好的市场，以下这些基本的策略需要企业考虑：目标市场策略、产品定位策略、描述性与随意性的命名策略、本土化与全球化的选择策略。一个品牌走向市场，参与竞争，首先要弄清自己的目标消费者是谁，以此目标消费者为对象，通过商标将这一目标对象形象化，并将其形象内涵转化为一种形象价值，从而使这一商标清晰地告诉市场该产品的目标消费者是谁；同时又因商标所转化出来的形象价值而具备一种特殊的营销力。

最典型的一个例子是诞生于19世纪的"蓝带"啤酒命名的由来。美国巴士特公司在特选优质酒的瓶颈上系一条蓝带以示其优良的酒质不同于其他品牌，没想到扎蓝带子的行为却产生了神奇的功效，该产品在市场上大受欢迎，一些人愿意出高价购买扎蓝带子的啤酒，以显示自己高雅、不俗，地位不同，从而刺激了消费者需求。久而久之，消费者不再称原来的品牌名称而称其为"蓝带"。此名字来自消费者，且名称简单明了，顺耳好听，所以巴士特公司顺乎民意，重新注册了啤酒商标，这正是巴士特公司决策者的高明之处。"蓝带"的成功经验表明：注册商标在经过一段时间的使用后，可能会从消费者那里得到这样或那样的反馈，在明确商标存在这样或那样的缺陷后，应及时加以修正，只有这样，才能进一步迎合消费者的心理，也才能使商标更加贴近商品的特征。

商标不但要获得消费者的好感，还必须别出心裁，有自己的个性，才能在众多竞争品牌中脱颖而出。可口可乐（中国）公司推出的饮料"酷儿"就是一例，其命名来源于大家喝饮料时发出的声音，这一别具匠心的命名方式让商标独具个性。又如我国的三九（999）企业，无论从字形、字义还是字音来看，都配合得很绝妙。字义有独特的创意性，"久久久"表明更长久，可以说"999"有着深厚的中国传统文化之精华，又有视觉的冲击力，义、音、形上都十分到位，是民族的，更是世界的。像KODAK，"柯——达——"原意指照相机按下快门一刹那机体本身发出的声音，由于语音效果比较特殊，很快成为柯达公司的商标。同样走"捷径"，独有深层护理理念的"伊人净"由于定位得当，借用了伊能静的名气，既可迅速有效地提升知名度，又可使名誉度相应提升，听来还有清新、自然、温馨的美感。

四、营销策略

由于技术营销的核心产品、理念及方式与传统的产品营销存在很大区别，因此需要用新的营销策略对高新技术成果转化过程中的市场营销进行指导。

（一）高新技术中小企业的特点

基于我国在高新技术方面起步较晚，与发达国家有一定的距离，因此当前我国的高新技术企业绝大部分仍处于中小企业阶段。而正是由于"中小"特征，使得我国高新技术中小企业具有一些与其他类型企业不一样的鲜明特点。

1）具有新技术、新产品开发和生产的一定资源或能力。这是由中小企业自身的性质所决定的。如果与高新技术无缘，那么与一般普通企业就没有区别了。

2）我国当前市场经济的属性要求这种高新技术中小企业必须有一定的市场经营和应变、掌握能力。

3）高新技术中小企业资源和能力相对弱小，因此若想得到发展，必须更多地借助一些资源，通过一些战略联盟或战略规划来推进。

4）在市场运作过程中，包括营销策略，都必须立足于高新技术的属性，结合中小企业的特点，运用现代企业经营战略，来实现高新技术中小企业的战略目标。

（二）高新技术中小企业营销策略的特征

前面述及，基于高新技术和中小企业的共同属性，这种高新技术中小企业的营销策略特征主要包括以下六个方面。

1. 市场的引导性

这是我国当前市场经济的特性使然。尽管高新技术中小企业有其一定的个性，但其本性仍是企业，因此也必须接受市场的引导，按照市场经济的发展规律来推进发展。

2. 服务的重要性

对于高新技术中小企业来说，推出创新产品是必要的，这是企业安身立命的基础。但在具体营销时，必须强化服务意识，因为在当前市场经济体系中，客户的满意度更多地取决于服务质量的优劣。特别是对这种知识类产品，加强客户的技术支持和培训服务，可以使客户得到更多的产品附加值，进而提升客户的忠诚度。

3. 定价的高档性

高新技术产品的推出，需要前期大量的研发成本，再加上客户的需求价格弹性相对较小，因此在对高新技术产品定价时，一般实行的是相对高价策略。而对于市场营销来说，如何把质优价高的产品推销出去，是一个重大的营销课题。

4. 产品销售和技术支持的同步性

对于高新技术中小企业而言，技术与服务是同等重要的，并且这两者在营销策略中必须得到综合运用，才能发挥营销的最大效益。

5. 团队的营销性

对于高新技术中小企业营销策略来说，必须要发挥团队营销的魅力，通过员工共同努力，发挥出"1+1>2"的营销效果。

6. 风险的控制性

高新技术中小企业在产品研发和生产方面具有很大的风险性，而通过市场营销，可以将市场的信息及时向生产、研发部门反馈，以便于企业快速做出决策，提高企业的成功系数，降低失败的可能性。这也是高新技术中小企业营销策略的重要着力点之一。

（三）高新技术企业市场营销策略常见问题

综观国内外经济学家关于高新技术企业市场营销策略的种种研究成果，可以发现，高新技术企业在市场营销策略的制定和执行过程中还不同程度地存在以下5个方面的问题。

1. 对市场营销工作的重要性认识不够

由于高新技术企业的主要管理层、初创者大都是技术专家出身，他们往往具有一个共同特征，拥有较强的技术优势和充沛的研究热情，对产品和市场自信满满。可以说，正是这些决策者的特征，才保证了高新技术企业的初创成功。但是，随着企业的发展，企业就会慢慢患上"市场营销近视症"，在决策和规划中容易忽视市场营销的重要性，营销部门即便不会沦落为二流部门，也会是弱于研发部门的。

2. 市场营销观念未与时俱进

相较于传统企业、传统产品"以需定产"的特征而言，高新技术企业往往存在"以产定销"的特征。高新技术企业决策层眼中看到的都是"我们生产什么，客户就使用什么"，他们的市场营销观念还停留在"市场促销"层次，未考虑到企业只有适应市场才能创造市场，才能保持生机和活力。大多数高新技术企业还缺乏这种主动适应市场的观念。

3. 缺乏准确的市场研判能力

由于高科技产品和服务技术相对复杂，产品更新换代快，产品市场寿命短，市场需求难预测，再加上高新技术企业决策层多数出身工科，缺乏对国内外经济形势、市场变化规律等的研究，传统的企业、产品常用的市场预测方法不适合高新技术企业，导致高新技术企业对市场预测面临诸多困难，企业的生存和发展面临较大挑战。

4. 市场营销部门组织架构不理想

有的高新技术企业甚至没有专门的市场营销部门，即使有市场营销部门，在行政级别及决策层面也弱于其他部门，导致营销部门在企业间话语权不够，信息不畅，营销管理功能弱化，营销工作成效不理想。

5. 专业营销人员缺失，营销工作提升难度大

高新技术企业营销人员往往脱胎于技术人员，有的还是由其他部门人员兼任，专业市场营销人才奇缺是目前大多数高新技术企业的通病。这导致高新技术企业市场营销人员缺乏开拓市场的理念和意识，对市场的反应度、敏感度不够，很大程度上阻碍了产品和服务在市场上的推广。

（四）高新技术企业常见营销策略

1. 知识营销策略

知识营销即基于知识的营销，是建立在现代网络信息技术基础之上，在内部员工之间创立学习型组织，在合作伙伴之间建立知识共享机制，与顾客实现双向知识沟通，以最大限度满足顾客需求，从而达到永续经营战略目标的管理过程。

作为一种营销理念，知识营销与传统营销所不同的本质特征是传统营销主要是针对顾客群体目标市场，是从发现需求到满足需求；知识营销则是通过知识服务创造出需求到满足顾客个性化的潜在需求和欲望，进而去创造更新的需求。

知识营销的内容包括以下两个方面：①企业与顾客实行交互式知识沟通。顾客对某类产品和服务的完整决策过程分为知晓、兴趣、评价、试用和采用5个阶段。一个企业如果没有先向目标顾客的知识传递，顾客未必会知道这个企业的产品、服务以及生产、经营方向，即顾客决策过程的第一个阶段都未必完成，因而交互式沟通就更无从谈起了。②关系的建立成为知识营销的主要任务。知识营销就其可控意义而言，直接涉及企业与顾客的关系，企业内部员工之间的关系，企业与合作伙伴的关系，如何维持、发展、深化这些关系，是知识营销的主要任务。

高科技转化过程中知识营销的主要模式为知识联盟。当前的企业战略联盟以开发新技术、控制新的行业标准和维护市场实力为根本目标，以知识的双向和多向流动为特征，更重视学习效果和知识的创新，以增强自己对市场变化的反应能力和创新能力。在这种背景下，传统上寻求资源互补型、风险共担的战略联盟已经转向为需求基于知识的战略联盟，即知识联盟。

2. 品牌营销策略

品牌是企业或产品被消费者识别和认同的共同性标志，以及这种标志所代表的服务内容，是浓缩着企业各种重要信息的符号。品牌是形象、信誉和资产，是衡量企业及其产品社会公信度的尺度。品牌竞争力是企业的核心竞争力。

品牌营销策略是指建立自己独特的品牌价值，充分利用这种价值引导消费者的消费行为，是通过市场营销使客户形成对企业品牌和产品的认知过程。从一般意义上讲，产品竞争要经历产量竞争、质量竞争、价格竞争、服务竞争到品牌竞争，前四个方面的竞争其实就是品牌营销的前期过程，也是品牌竞争的基础。

在技术转化中形成品牌营销，对于科研机构来说就是要形成自己的领域优势，宣传和利用优势效用，推动自己的技术成果被企业和市场接受，从而形成强大的品牌优势来号召和引导潜在技术成果购买者。技术成果市场化品牌营销的核心是战略定位，即科研机构如何界定自己的核心竞争力。正确明晰的战略定位不仅可以形象地界定出科研单位的目标、优势和重点，更能有利于整合、挖掘、利用本单位的科技资源，提高科研机构的知名度，形成品牌效应。

3. 三维营销策略

三维市场营销策略认为，功能利益、流程利益和关系利益是市场营销的三个支点，构成了当代市场营销的三大诀窍。功能利益是指产品对客户功能需求的满足程度；流程利益是指顾客能够方便地购买该商品；关系利益则是对显示自己消费倾向的顾客给予回报。

解决市场营销问题的关键在于要强调流程利益（这种利益使得买卖双方的交易更加简单、快捷、省钱）以及关系利益（对那些愿意透露自身情况、显示他们购买行为的顾客给予回报）。总而言之，创建成功营销战略的基础已经从一维变成了三维。这也是科技成果市场化必须要做的三个方面。

就功能利益而言，必须了解：该项技术成果具有何种功能以及是否是市场上迫切需要的商品。科研机构需要建立自己的市场情报部门，加强情报搜集工作，充分了解技术在满足市场需要时的改进方向，也可以通过专门的市场调研机构，为即将立项的科研项目做专门的市场调研。

就流程利益而言，必须考虑：企业作为科研单位的顾客，在购买该项技术成果时，是否足够便利和经济。一方面，科研单位要充分宣传自己的技术成果，并且建立市场部门接收企业的咨询，并为企业提供量身定做的技术交易方案，使企业购买技术成果更加便捷；另一方面，技术转移中介机构需要发挥自己的信息传递优势，积极为技术的供应方和需求方牵线搭桥，减少沟通成本。

就关系利益而言，必须考虑：科研机构能否听取科技成果使用单位的意见，用自己的知识优势为企业解决生产中的实际困难。这个问题的核心是客户关系管理。科研机构要主动和产业界增强联系，了解企业的需求，帮助企业解决技术困难，以企业的需求为第一立项依据。另外，在实现技术转移之后，也要进行中后期的跟踪，将企业的技术使用情况及时反馈给科研机构。

4. 差异化营销策略

差异化营销策略是指面对已经细分的市场，市场主体选择两个或者两个以上的子市场作为市场目标，分别对每个子市场提供具有针对性的产品和服务以及相应的销售措施。

差异化营销的核心思想是细分市场，针对目标消费群进行定位，导入品牌，树立形象，是在市场细分的基础上，针对目标市场的个性化需求，通过品牌定位与传播，赋予品牌独特的价值，树立鲜明的形象，建立品牌的差异化和个性化核心竞争优势。差异化营销的关键是积极寻找市场空白点，选择目标市场，挖掘消费者尚未满足的个性化需求。

当技术转化成果是一种创造了新需求的技术实现时，自然产生了差异化，因为这种需求较以前具有唯一的独创性。但当这种技术转化并不是创造了需求，而是做了某种技术的改进，在面临同质化的时候，应采用差异化营销策略。事实上，差异化营销策略和下文介绍的订购式营销策略在出发点上是一致的，即依据市场上技术需求者的不同要求为其度身定做满足其要求的产品。

5. 订购营销策略

订购营销是指商品生产者为了满足消费者的不同消费偏好，允许消费者根据自己的需要向产品生产者提出特定的要求，从而争取更多消费群体的一种营销方式。就科技成果市场化来讲，之所以存在转化率低的问题，正是由于研发的技术成果不被企业或市场所接受。如果能够采用订购的方式进行科研立项，就会有固定的销售对象，这种技术成果也更接近市场，更容易被消费者接受，实现市场化的难度就会降低。同时，订购技术成果的多少反映了科研院所的目标、技术水平被企业和市场的接受程度。订购越多说明接受程度越高，口碑越好，就会带来更多的订购，从而形成科技成果市场化的良性循环。

但是这种模式也存在制约因素，主要是要求科研机构具有强大的科研实力和灵活的科研手段，因为企业或个人订购的技术成果往往是一种全新的产品，这就存在创新失败的可能，一旦创新失败就要承担相应的风险。

6. 产学研结合营销策略

产学研结合是社会经济结构中的产业（主要是企业）、大学和科研机构以共同的发展目标为基础，按照一定的机制或规则进行结合，形成某种联盟进行合作研发，从而建立新的生产函数，创造某种未知的需求和价值，最终形成某个产业或产业中企业的核心竞争力的过程。20世纪50年代，美国斯坦福大学创建了世界上第一个高科技重镇——硅谷，硅谷周围现分布着几千家高科技企业和研究机构，大学与产业部门互相依托促进，成为产学研结合的典范。

从总体上而言，"产学研"这种一体化的营销模式体现了强强联合的优势。产业内的大企业和具有技术优势的科研院所、高校实施强强联合，形成有利于科技成果市场化的联合体是这一营销策略的核心内涵。这种模式具有合作伙伴固定、彼此之间相互熟悉的特点，有利于知识在参与者之间的交流和共享。这种模式特别适合研发期长、投资巨大、技术水平要求高的复杂科技成果的市场化。

7. 服务营销策略

服务营销是企业在充分认识消费者需求的前提下，为充分满足消费者需要在营销过程中所采取的一系列活动。高新技术转化过程中，创造与客户接触、沟通的机会是非常重要的环节，所以目前越来越多的高新技术企业将服务营销作为一个非常重要的营销策略。

从消费心理学来看，高新技术产品的无形性极大地增加了消费者认知产品的难度和购买的风险性，这极易使消费者停留在认知状态而无法顺利完成购买行为，而服务却是帮助消费者迅速有效地认知产品、增强对产品的购买信心和最大限度地实现产品物质和精神需求的有力工具。它有助于实现生产者和消费者之间的最佳沟通，从而提高企业的市场竞争能力和经济效益。

案例精选

宝马汽车公司的营销策略

宝马汽车公司位于德国南部的巴伐利亚州。公司拥有16座制造工厂，10万余名员工，汽车年产量约100万辆，并且生产飞机引擎和摩托车。宝马集团（宝马汽车和宝马机车加上宝马控股的路华与越野路华公司，以及从事飞机引擎制造的宝马——劳斯莱斯公司）1994年的总产值在全欧洲排名第七位，营业额排名第五位，是全球十大交通运输工具生产厂商之一。其汽车工业自形成以来，一直稳定发展，现已成为全球重要且具有一定规模的工业部门之一。

进军亚洲市场以来，宝马公司试图吸引新一代寻求经济和社会地位的成功的亚洲商人。宝马的产品定位是最完美的驾驶工具。宝马要传递给顾客创新、动力、美感的品牌魅力。宝马公司的营销策略并不是急功近利地以销售量的提高为目的，而是考虑到促销活动要达到如下目标：成功地把宝马的品位融入潜在顾客中；加强顾客与宝马之间的感情连接；在宝马的整体形象的基础上，完善宝马产品与服务的组合；向顾客提供详尽的产品信息。最终，通过各种促销方式，使宝马有和顾客直接接触的机会，相互沟通信息，树立起良好的品牌形象。

宝马的目标在于追求成功的高价政策，以高于其他大众车的价格出现。宝马公司认为宝马制定高价策略是因为：高价意味着宝马汽车的高品质，高价也意味着宝马品牌的地位和声望，高价表示了宝马品牌与竞争品牌相比具有的专用性和独特性，高价更显示出车主的社会成就。总之，宝马的高价策略是以公司拥有的优于其他厂商品牌的优质产品和完善的服务特性，以及宝马品牌象征的价值为基础的。宝马汽车的价格比同类汽车一般要高出10%～20%。

参考文献

［1］李先国.销售管理［M］.北京：首都经济贸易大学出版社，2006.

［2］马晓辉，高静，等.中国技术产权交易所市场研究［J］.中国软科学，2003（2）.

［3］陈新岗.技术产权交易市场的功能及模式［J］.理论学习，2006（1）.

［4］李文娟.论技术经纪人的地位和作用［J］.内蒙古科技与经济，2008（21）.

［5］刘希宋，王辉坡.我国科技成果市场化营销模式研究［J］.商业研究，2007（11）.

［6］王品华，高艺漩.论高校技术转移中的营销行为［J］.技术与创新管理，2005（5）.

［7］张伟，王玉刚，等.高新技术企业营销渠道设计与创新探讨［J］.前沿，2001（5）.

［8］刘津平.高新技术企业的促销策略［J］.企业天地，2003（7）.

［9］中国技术交易所官方网站［EB/OL］.［2020-8-25］.http://www.ctex.cn/.

［10］北京市集佳律师事务所，北京集佳知识产权代理有限公司. 知识产权战略与实务［M］. 北京：法律出版社，2007.

［11］谭嘉. 中小企业的营销策略研究——以高新技术企业为例［J］. 中国高新技术企业，2013（13）.

［12］吴燕丽. 高新技术企业市场营销策略研究［M］. 杭州：浙江工业大学，2017.

［13］孙奇茹. 中关村有批"技术经理人"［N］. 北京日报，2020-07-06.

［14］康晓玲. 技术创业：市场营销与市场调查技术［M］. 西安：西安电子科技大学出版社，2009.

［15］朱常海，郭曼. 我国技术转移策略研究：技术、组织与创新生态［M］. 北京：科学技术文献出版社，2017.

［16］谢旭辉，郑自群. 技术转移就这么干［M］. 北京：电子工业出版社，2017.

第六章
技术评估

知识产权评估是将知识产权作为一项无形资产，用来确定知识产权现在的价值和通过未来的效应所得到的价值，属于资产评估的范畴。知识产权评估应当综合考量各种影响因素，通行采用重置成本法、收益现值法、现行市价法以及其他评估方法评定，其程序应当符合国家资产评估相关规定。技术转移过程中围绕"技术"的知识产权评估主要有专利、商标和品牌、计算机软件等几种重要类型。以下内容则围绕上述几种知识产权类型，针对单项知识产权或者知识产权整体进行深度检索、分析和评估，以期确定其合理价值，避免技术转移过程中技术价值高估或者价值贬损，造成资源浪费或者资产流失。

一、知识产权评估方法

（一）重置成本法

重置成本法又称重置价值法或成本法，是指在现时条件下重新购置和建造一项全新状态的被评估资产所需的全部成本，减去被评估资产已经发生的实体性陈旧贬值、功能性陈旧贬值和经济性陈旧贬值之后，将得到的差额作为被评估资产评估值的一种评估方法。或者也可首先估算被评估资产与其全新状态相比有几成新，即求出成新率，然后用全部成本与成新率相乘，得到的乘积作为评估价值。

其基本公式为：被评估资产评估值＝重置成本－功能性贬值－经济性贬值

或：被评估资产评估值＝重置成本 × 成新率

（二）收益现值法

收益现值法又称收益还原法、收益资本金化法，是指通过估算资产在未来经营中的预期收益，并按社会基准收益率折算成现值，然后累加求和，据以确定资产价值的一种评估方法。使用这一方法的前提条件是：①资产必须继续使用，而且资产与经营收益之间存在稳定的比例关系，并可以预测计算。②未来的收益可以正确预测计量。③与预期收益相关的风险报酬也能估算计量。

其基本公式为：资产的重估价值＝该资产预期各年收益折成现值之和

（三）现行市价法

现行市价法又称市场法、市场价格比较法，是指在市场上选择近期内交易的若干相同或近似的资产作为参照物，针对各项价值影响因素，将被评估资产分别与参照物逐项进行价格差异的比较调整，然后综合分析各项调整结果，再确定被评估资产评估价值的一种评估方法。使用现行市价法的条件是：①市场上存有与被评估资产相同或类似的 3 个以上的资产交易案例，并可作为参照物。②资产市场发达，有充分参照物可取。③价值影响因素明确，并且可以量化计算。

其基本公式为：

资产评估价值＝［全新参照物市场价格－（全新参照物市场价格/预计使用年限）×资产已使用年限］×调整系数

注：调整系数的确定应当结合实际情况。

二、专利评估

（一）专利检索

1. 专利文献检索

有效进行知识产权情报检索是确定技术开发与技术转移的起点的重要手段。

（1）专利文献检索的对象

专利文献的范围

专利申请均要求向国家专利管理部门提交请求书、说明书及其摘要和权利要求书等文件。具体而言，发明专利申请须提交申请书、专利说明书、权利要求书、附图、摘要、转让证明（备选）、微生物菌种保藏证明（备选）以及优先权证明文件（或 PCT 文件）（要求优先权时备选）；实用新型专利申请须提交的文件与上述申请发明专利所提交的文件，除无须提供微生物菌种保藏证明外，其余大致相同；外观设计专利则须提交申请书、两套附图（可以是照片或附图）、简要说明（备选）、转让证明（备选）以及优先权证明文件（要求优先权时备选），其中，附图应包括主视图、后视图、俯视图、仰视图、左视图、右视图，如果可能还可提供立体图，图的大小不得超过（15 厘米 ×22 厘米）和（3 厘米 ×8 厘米）。而这些专利申请文件经由专利管理部门编辑整理，制作成专利档案，所有专利档案的汇编即构成专利文献。

专利说明书

构成专利文献主体部分的专利说明书是各国专利局或国际性专利组织出版的含有扉页、权利要求书、说明书等组成部分的用以描述发明创造内容和限定专利保护范围的一种官方文件或其出版物，包括未经过专利性审查的申请说明书，以及经过专利性审查的专利说明书。

专利说明书中的扉页主要载明专利文献著录项目，用以说明每件专利的基本信息，具体包括专利申请的时间、申请的号码、申请人或专利权人、发明人、发明创造名称、发明创造简要介绍及主图（机械图、电路图、化学结构式等——如果有的话）、发明所属技术领域分类号、公布或授权的时间、文献号、出版专利文件的国家机构等。权利要求书是专利文件中限定专利保护范围的文件部分。权利要求书中至少有一项独立权利要求，还可以有从属权利要求。说明书是清楚完整地描述发明创造的技术内容的文件部分，附图则用于对说明书文字部分的补充。其中申请人主要阐述其发明或者设计背景、目的与详细内容，其主要作用是公开技术信息，以所属技术领域的技术人员能够实现为准；同时，依据前述说明书，撰写权利要求书，用以限定专利权的范围，即在专利说明书中能够得到申请专利的全部技术信息和准确的专利权保护范围的法律信息。

有些机构出版的专利说明书还附有检索报告。检索报告是专利审查员通过对专利申请所涉及的发明创造进行现有技术检索，找到可进行专利性对比的文件，向专利申请人及公众展示检索结果的一种文件。

（2）专利检索方法

专利文献编排方式大多采用国际通行标准，在国际和国内各种不同的专利信息数据库进行检索时，可根据检索目的的不同，采用不同的检索方法。下面以中华人民共和国国家知识产权局专利检索系统（http://www.sipo.

gov.cn/sipo2008/zljs/）为例，进行说明。

中华人民共和国国家知识产权局专利检索数据库包括 1985 年 9 月 10 日以来公布的全部中国专利信息，包括发明、实用新型和外观设计 3 种专利的著录项目及摘要，并可浏览各种说明书全文及外观设计图形。

精确检索

如果知道申请（专利）号、公开（公告）号、申请（专利权）人名、发明（设计）人、专利名称、摘要内容、申请日、公开（公告）日或者主分类号，即可以此为检索入口，输入已知的检索词，点击"检索"按钮执行检索，系统首先显示符合检索要求的检索结果列表页面；点击列表中某专利名称的链接，即可调出该专利的文献信息，该页面中的"说明书全文"栏目中有各种链接，可根据需要下载专利说明书全文与全文式 TIF 格式的图形文件，从而可以了解某项专利的全部技术内容和要求保护的权利范围。

（普通检索链接：http://www.sipo.gov.cn/sipo2008/wxfw/；高级检索链接：http://www.sipo.gov.cn/sipo2008/zljs/）

专利检索页面示意图

模糊检索

如果只是想了解某一技术领域的现有技术状况，或者说，不知道申请人或者专利号，而想了解自己所从事的或者拟立项的发明创造项目的专利技术状况，可以根据该项目所属技术领域或者关键词，去查阅国际专利分类表（A部—人类生活需要；B部—作业、运输；C部—化学、冶金；D部—纺织、造纸；E部—固定建筑物；F部—机械工程、照明、加热、武器、爆破；G部—物理；H部—电学），确定其分类号，从分类索引中的专利号、申请人所申请的专利名称，进一步查阅其专利说明书。

检索链接：http://search.sipo.gov.cn/sipo/zljs/ipc/ipc.jsp.

具体步骤

第一步：分析检索主题，确定检索主题的名称。

第二步：选择中外文主题词或关键词，找出同一主题的不同用语。

第三步：选择专利分类号，确定检索的入口。

第四步：选择检索系统，进行初步检索。

第五步：记录检索结果，包括：专利号、文件种类代码、国别代码、发明名称。

第六步：根据专利号找到专利说明书，进行阅读、筛选。

第七步：根据需要可进行扩大检索或者重新检索。

专利文献检索途径

互联网上各种官方与非官方的专利信息检索系统（检索链接详见附件1）有很多，绝大多数官方网站都能进行免费检索。各种专利信息检索系统的设计编排不尽相同，在拟检索前应当了解相关方法与注意事项，中华人民共和国国家知识产权局官方网站（http://www.sipo.gov.cn/sipo2008/）上可以查询到专利文献检索相关服务信息。另外，中国专利文摘光盘、中国专利公报及其他国家和地区的专利公报、各种专利索引均可提供相关文本资讯。

（3）专利检索用途

专利性检索

为了判断一项发明创造是否具备新颖性、创造性而进行的检索，属于技术主题检索，即通过对发明创造的技术主题进行对比文献的查找来完成。根据检索要达到的目的，专利性检索可分为新颖性检索和创造性检索。

新颖性检索，是指专利申请人、专利审查员、专利代理人及有关人员在申请专利、审批专利及申报国家各类奖项等活动之前，为判断该发明创造是否具有新颖性，对各种公开出版物上刊登的有关现有技术进行的检索。该类检索的目的是为判断新颖性提供依据。

根据《中华人民共和国专利法》第二十二条有关新颖性的规定，扩大了"现有技术"的范围，授予专利的新颖性判断标准采用绝对新颖性标准。这里所谓的绝对新颖性标准，是指该项技术无论以何种方式在世界上任何地方公开，都应作为"现有技术"而丧失新颖性，从而不能获得专利的授权。这一规定提高了授予专利权新颖性审查的标准，那些以前可以在中国获得授权的技术，将不能继续在中国申请专利或者专利授权。既然在中国不能被授予专利保护，那么所有人均可无条件、无偿地来利用。国家科研立项或者企业研发在决定引进技术或者进行技术创新立项时，应当充分利用这一规定。

创造性检索，是指专利申请人、专利审查员、专利代理人及有关人员在申请专利、审批专利及申报国家各类奖项等活动之前，为确定申请专利的发明创造是否具备创造性，对各种公开出版物进行的检索。其实质上是对某项新发明创造获得专利权的可能性进行判断而进行的检索。

根据《中华人民共和国专利法》第二十二条有关创造性的规定，增加了"现有技术"的内容，要求与现有技术相比，该发明具有突出的实质性特点和显著的进步。现有技术对于新颖性产生直接影响的同时，也会对于创造性的判断带来直接的影响，提高了专利申请的要求，增加了申请专利授权的失败概率。因此，在进行技术开发与专利申请前要更注重专利文献检索，充分了解相关技术领域现有技术的范围和状况,避免技术转让、技术创新和专利申请的无效和资源浪费。

专利法律状态检索

专利法律状态检索是指对一项专利的有效性、地域性,以及自该项专利授权之后所发生权利人等进行的检索,可分为专利有效性检索、专利地域性检索和权利人变更检索。专利有效性检索是指对一项专利或专利申请当前所处的法律状态进行的检索,其目的是了解该项专利申请是否被授权,授权的专利目前是否仍然有效,或者是因何种原因导致失效。专利地域性检索是指对一项发明创造在哪些国家和地区申请了专利,并获得授权的检索,其目的是确定该项专利获得保护或提交申请的国家范围。权利人变更检索是指对一项已经获得专利授权的发明创造,在授权之后,权利人是否发生变更的检索,即在当前情况下,该项专利的真正权利人。

检索出来的法律状态信息是国家知识产权局根据专利法和实施细则的规定在出版的发明专利公报、实用新型专利公报和外观设计专利公报上公开和公告的法律状态信息,主要有:实质审查请求的生效、专利权的无效宣告,专利权的终止,权利的恢复,专利申请权、专利权的转移,专利实施许可合同的备案,专利权的质押、保全及其解除,著录事项变更、通知事项等。检索链接:http://search.sipo.gov.cn/sipo/zljs/searchflzt.jsp。

法律状态检索页面示意图

还可以选择中国专利信息中心建立的《法律状态数据库》进行检索。其步骤如下：①点击 http://www.cnpat.com.cn/ 进入中国专利信息中心。②点击页面左端专利检索按钮，进入专利检索界面。该专利检索界面包括 3 种检索，其中包括专利法律信息检索。③点击专利法律状态检索按钮，即进入法律状态检索界面（也可以通过链接：http://www.cnpat.com.cn/law_query/query.asp 直接进入该界面）。

2. 专利文献信息分析

（1）开发立项分析

一项专利申请获得授权必须具备新颖性和创造性的特征，即要求后来开发的技术必须是非现有技术，且如前所述，现有技术的范围有所扩大，对专利申请的要求日渐提高。因此，企业或者科研机构在进行科研立项、新技术和新产品开发立项之前，应当进行专利文献的查新检索，弄清楚所属技术领域的状况，充分利用过期专利和有效专利的非保护内容，确定在法律上技术开发立项的可行性，避免重复开发，找准制高点。

予以立项

在立项过程中，通过专利文献检索，对于独创性较高、实用性较强，并且具备开发条件的，应当予以立项；尤其是该技术领域的基础专利或者核心发明专利，应该考虑优先立项。一般而言，只有在技术生命周期处于技术引入期和技术发展期的技术才值得对其进行研究和开发立项。国家或者其他项目计划部门才会将该项技术列入科技计划项目指南目录之中。

变更立项技术方案

如果拟立项的技术方案或者技术领域已有他人获得基础专利或者已经构筑专利网，则应当变更立项技术方案，重新选择技术开发方向或者改进他人的专利技术；如果拟立项开发的技术方案中包含他人申请的专利，分析在现有基础上突破他人的专利保护的代价不经济时，则有必要考虑与专利权人协商取得专利许可。

不予立项

如果拟立项开发的技术领域实际上已经有大量专利存在，且已进入技术衰退阶段，则应考虑不予立项。

（2）竞争对手分析

竞争对手分析主要是通过专利著录事项的发明人、申请人、专利权人进行相关信息检索，借以判断竞争对手的性质与竞争实力，根据不同特征制定本单位的专利竞争战略。

对手的研发活动投入资源分析

以一个技术周期为样本，分析竞争对手在不同阶段的研发活动投入资源差异，判断其研发投入状况与技术发展趋势。

专利的年龄分析

专利年龄等于各专利年龄总和除以专利件数。专利年龄越小，则说明该公司在本技术领域享有较长的技术垄断优势，反之亦然。

专利的引证次数分析

专利自我引证越多，说明越注重自我研发，与外界的技术互动有限；被引证越多，说明该专利的价值越大，可能是该技术领域的基础或核心专利；被引证者往往处于本技术领域的领导者地位，而引证者则往往处于技术从属地位。

技术独立性分析

技术研发的独立性越高，专利侵权的可能性越小；如果技术研发因循标准路线，则侵权的可能性大大增加。

重要公司的专利比较分析

此举旨在得出本技术领域的竞争态势和技术发展趋势。

（3）进出口分析

出口分析

针对技术贸易中所涉技术或者产品的所谓出口分析，即为知识产权的地域性检索（如前述）。

决定技术或者产品出口前，应当注意专利的地域性特征，须确保拟出口产品已经同时在中国和拟出口国申请专利并获得授权。在提出专利国际申请程序时，应当遵守《中华人民共和国专利法》第十九条的规定：任何单位或者个人将在中国完成的发明或者实用新型向外国申请专利的，应当事先报经国务院专利行政部门进行保密审查。当决定产品出口时，应对出口国进行专利检索和专利法律分析，看是否出现专利雷同或者已经存在的专利申请，同时考察该国法律是否具有禁止"平行进口"的规定，防止专利侵权。

平行进口

尽管根据《中华人民共和国专利法》第十一条规定，任何单位或者个人未经专利权人许可，都不得为生产经营目的进口其专利产品，或者进口依照该专利方法直接获得的产品。专利权人享有"进口权"，但是在第七十五条规定中已经允许平行进口，即专利产品或者依照专利方法直接获得的产品，由专利权人或者经其许可的单位、个人售出后，进口该产品的，不视为侵犯专利权。因此，企业还要注意专利法允许平行进口后，国内市场上可能出现的一系列目前国外售价低、国内售价高的专利产品，以平行进口的形式进入国内市场，再以低价的形式销售给本国消费者的情况，合理判断市场竞争态势。

（4）侵权分析

侵权风险分析

企业或者研究人员和机构在从事新技术开发立项之前，应当进行查新检索，防止侵权危险，避免盲目开发；为避免发生专利纠纷而主动对某一新技术新产品进行的专利检索，其目的是找出可能受到其侵害的专利；在进行技术贸易时也应进行查新检索，判断是否会造成侵权。

侵权抗辩分析

作为生产经营主体的企业往往会遭遇专利侵权纠纷，接到专利权人的侵权警告信或者起诉书，被告知自己所生产的产品或者使用的方法已经侵犯了他人的知识产权。面对专利侵权纠纷，企业应当通过专利检索，冷静地判断自己所采用的技术或方法与生产的产品是否确实已经落入他人专利的保护范围，其目的是找出对受到侵害的专利提出无效诉讼的依据。如在专利侵权纠纷中，被控告侵权人有证据表明其实施的技术或者设计属于现有技术或者现有设计的，不构成侵犯专利权。

（二）专利申请考量因素

1. 企业技术发明是否需要采取某种保护措施

当一项技术发明的研发活动接近完成时，企业应启动相应的内部评估程序。

（1）内部评估小组

通常内部评估工作可以由企业内部的专利委员会或者专利小组负责，其组成人员包括发明人（技术人员）、知识产权工作人员（法务专员）、了解技术的公司管理人员（主要指业务经理）以及专利代理人等。

（2）评估内容

评估内容涉及技术发明的可专利性、可能的保护措施及其对企业业务或者技术发展的影响；其核心是获得专利权是否有利于本企业的业务发展需求或者技术发展需要，是否有利于提升企业财富创造能力；其目的是决定该技术发明是否值得申请。具体应当考虑下列问题：①该技术发明是否包含了企业的现存产品或者技术。②该技术发明对企业现存业务的竞争性有何种影响。③该发明对企业有什么价值、价值大小。

2. 企业技术发明是否应作为商业秘密保护

经过内部评估程序，对于尚不够专利申请条件但足以为企业带来市场价值的技术发明，可以选择商业秘密的方式进行保护。这种方式的优势在于既可以使企业拥有技术的市场价值得以实现，同时可以避免此类技术开发投入成本所造成的资源浪费，更不需要高昂的专利申请和保持费用，而且在不泄密的情况下永远不会过期。但其缺陷在于容易泄密，技术流失风险高，且被侵权之后难以得到很好的救济和补偿。

企业在将核心技术申请专利保护的同时，在辅助该核心专利技术周围仍可保留部分以商业秘密方式保护的专有技术，以此实现企业市场价值的最大化利益。这种方式的优势在于既能够享有《中华人民共和国专利法》对核心专利技术所赋予的合法垄断权，不必担心技术被他人开发后，市场垄断地位的丧失，又可以利用技术秘密的优势，不用花费太多精力防范他人对技术侵权使用，减少在专利维权诉讼方面的成本支出。

作为技术持有方的企业应分析技术方案的具体性质和特点，充分考虑和评估采用专利技术保护与商业秘密方式的利弊。此外，还需考虑有些发明创造中外观设计是否通过商标法或版权保护更合适。

3. 企业技术发明申请专利的条件与可专利化的条件是否具备

企业一旦决定申请专利，企业知识产权工作人员就需要对已知的相关专利进行检索、查新和评估，以判断申请专利的条件是否充分。企业知识产权工作人员应当充分利用专利文献信息，以掌握相关技术领域的专利权状况，获取已经授权专利技术的法律信息、技术信息和经济信息，尤其是专利技术权利要求书中所主张的主要技术特征以及技术的具体应用细节，为本企业技术发明申请专利所借鉴，或者绕开一些关键的专利技术路线，确保技术发明和实用新型具有新颖性、创造性和实用性，即具备可专利化的条件。企业在专利申请提交之前进行可专利化条件的评估还必须充分考虑，如果获得专利权，其在异议或撤销程序中能否获胜，以避免申请专利以后被其他大企业追索专利许可费用、被法庭宣布无效或者引起诉讼争议及由此而带来的不必要的专利信息公开，造成资产流失和经济损失。

4. 企业是否需要制定专利地图

专利地图是一种形象的比喻，它是指对所有相关的专利信息进行统计分析，得出知道企业技术研发方向的专利策略。在研发方面，企业应当利用专利地图知道企业在可能的技术空白点上部署本企业的专利，确定研发方向，获得最有价值的专利技术授权。

5. 企业何时提交专利申请

专利申请并非越早越好，发明者或者创新成果持有者应当根据自身市场及技术发展战略选择适当的申请时机，或者根据具体的情况随时调整发明创造成果申请并取得专利权的时机，以最大限度地获取和保护自己的创新收益。对于尚未成熟的技术方案，可待进一步完善以后再选择合适的时机进行申请，这样就可以避免因专利公开不充分而得不到专利权，也可避免因过早地公开了自己尚未成熟的技术，使竞争对手以这些技术为基础反过来围攻自己。

（1）基本专利

企业对于在同类产品的生产中都必须采用的核心技术，要及时提出确认其创新成果专利权的申请，一般将这类专利称为基本专利（核心专利）。该类技术通常是决定产品特性的关键技术，是在新技术领域中有开创性的技术，申请专利保护以后，可以使企业在本领域内确定市场垄断地位，阻止竞争者就同类技术产品与自己竞争。

企业在完成核心技术方案的研发后，应当尽快提交专利申请，确保创新成果持有人的专利所有权人地位，保证基本专利的应用价值。最迟也应在产品上市之前将产品所包含的技术方案申请专利，因为一旦产品上市后再申请专利，如果所包含的技术方案可以通过对产品的分解或是反向工程得到，技术方案进入公有领域，即使获得专利权，也可能被申请无效。

（2）外围专利

针对已有基本专利或者已经成功申请的专利，实力较弱或者后发展的企业可以发挥本企业的技术特长，积极研究开发与该项基本专利相关的外围技术，一旦研发成功，迅速将这些技术提交专利申请。这些外围专利也许对其自身价值不大，但是可能属于竞争对手产业领域或者产品中的关键技术，该企业可以利用许可方式获取收益，甚至可以与掌握产品基本专利的企业合作生产，互授许可，通过外围专利取得基本专利的市场份额。

（3）再创造专利

企业根据自身技术发展或者市场发展需求，选择购买和转移其他企业拥有的基本专利，是短时期内增加专利储备的最直接方法。在引进和购买基本专利之前，必须对该项专利技术的相关信息及其商业化价值进行全面的分析，真正为我所用。更为关键的是，必须在引进和购买专利的基础上，对他人专利技术进行研究改进，进行二次开发，然后将改进的技术再申请专利权，以形成对相关产业的基本专利的交叉许可，甚至通过后续自主研发和专利再创造，最终将再创造专利技术返回许可给原专利技术许可方，为企业带来巨大的经济利益。

（4）专利网战略

企业不仅应当重视基本专利的研发与专利申请，同时应围绕基本专利，将其改进技术及外围相关技术均申请专利，形成由基本技术与外围相关技术一起构成的专利网。这种专利网一旦形成，该企业即拥有所处行业的专利围墙，不给其他同行业企业留下控制技术的机会，竞争对手也很难攻破。

（三）专利资产评估

专利资产，是指权利人所拥有的，能持续发挥作用且能带来经济利益的专利权益。专利权益包括专利所有权和专利使用权两部分内容。这种专利权益的获得除受《中华人民共和国专利法》保护和制约外，还受到技术进步的影响，如涉及专利使用权的专利权益还受到许可协议的影响。

1. 专利资产评估的含义

专利资产评估，是指注册资产评估师依据相关法律、法规和资产评估准则，由委托人对专利资产的价值进行分析、估算并发表专业意见的行为和过程。从事专利资产评估业务的评估机构应当具有财政部门颁发的资产评估资格证书。通过资格考试的注册资产评估师方能执行专利资产评估业务。

2. 专利权价值评估资料收集清单

以下以北京无形资产评估有限公司出具的范本为例，该公司是由财政部批准的具有资产评估资质的国家级大型专业评估机构。总部设在北京，是中国资产评估协会直属会员，属于专业无形资产评估机构，可在全国范围内开展资产评估业务。

（1）企业基础资料

企业基础资料包括：①工商企业法人营业执照及税务登记证、生产许可证等。②企业简介。③公司章程。④企业营销网络分布情况。⑤企业产品质量标准。⑥新闻媒体、消费者对产品质量、服务的相关报道及评价等信息。

（2）专利技术资料

专利技术资料包括：①委托方专利产品研发情况简介、专利研制人简介。②专利证书及相关受理、转让、变更（合同）等法律文书及价款支付凭证。③专利说明书。④专利技术基本情况调查表。⑤专利产品项目建议书，合资合作意向书，可行性研究报告或技术改造方案。⑥专利技术检测报告，科学技术成果鉴定证书，专利技术检索资料，行业知名专家对技术的评审等。⑦交纳的专利申请费、维持费、年费等各项费用的收据、凭证。

（3）财务资料

财务资料包括：①委托方近三年（含评估基准日）资产负债表、损益表或与专利产品相关的财务收益统计。②专利产品开发研制资金投入及费用统计。③委托方未来5年的发展规划。④委托方对该专利产品未来3～5年的收益预测及编制说明。

（4）其他资料

其他资料包括：①专利产品获奖证书、高新技术企业认定证书。②专利维持年费按期缴纳承诺书。③委托方承诺书。

3. 专利资产评估的影响因素

专利资产评估通常建立在众多因素影响下的知识产权实施效果的基础上，主要涉及的影响因素有法律因素、技术因素、产业因素、特殊因素等。

（1）法律因素

权属的完整性

待评估专利的权利人所拥有的专利权权属越完整，其资产价值就越大。

专利的法律状态

专利的法律状态是指技术在专利申请中所处的状态，判断其是处于初审阶段、实质性审查阶段还是获得专利证书阶段，越是在后面的阶段其价值越大。专利的类型不同，保护程度也不一样。发明专利必须通过实质性审查，因此剽窃他人专利或者专利权被宣告无效的可能性较小。相对于其他两类专利而言，其技术含量较高，申请的周期较长，权利人承担的风险也较大，因此价值相对较高。

权利说明书的完整性

权利说明书的完整性是指专利申请权利要求书所提出的需要保护的专利的范围必须能够涵盖其技术方案的全部内容。这是对权利说明书的质量要求，完备的权利要求说明，能够较好地保护专利权人的权利。如果权利要求说明不明或者不完整，可能仅保护专利权人的部分权利。

剩余使用年限

专利技术的剩余使用年限不仅指其法定使用年限，还应当根据技术发展现状和趋势确定其经济寿命，权衡确定其剩余使用年限。剩余使用年限越长，其价值越大。

（2）技术因素

技术因素主要包括专利的创新程度，即技术的先进程度；技术的发展阶段；技术竞争优势，即技术实施过程中存在的关键技术诀窍，技术复杂程度高，而该技术诀窍不易被分析、试验、模拟。因为技术超额收益主要体现在其垄断的收益上，技术越具有竞争优势，其垄断程度也越高，技术产品的市场占有率也会相应较高，技术产品较难替代。

（3）产业因素

产业化程度

产业化程度是指该技术可进行产业化的难易程度，实施的条件要求是否苛刻。进行产业化越容易，实施专利技术越容易进行，专利实施的可能性就越大。

国家政策适应性

国家政策适应性是指该技术实施所在的产业与国家产业政策的一致性。只有专利与国家产业政策一致，才会得到国家和地方的支持，该项专利才会迅速形成产业，越是国家鼓励发展的行业，技术实施的价值越能够较快地发挥出来。

产业应用范围

产业应用范围主要是指专利技术现在和未来可能应用领域的大小。应用的范围越广，其价值发挥的程度越大。

技术产品被市场所接受的程度

市场需求越高的产品，其中包含的技术所体现的价值就越大。

（4）特殊因素

部分行业的特殊因素，如医药行业的药证，临床试验、网络安全技术的有关批准证书，对专利权价值的影响也较为重大，因为这些特殊因素是专利技术产业化实施的必备要件。

4. 评估方法的适用

专利资产评估非常复杂，常用方法主要有成本法、现行市价法、贴现现金流量法等。另外，还包括模糊聚类分析法、实物期权法、比较法等。

（1）成本法评析

专利资产评估适用成本法主要是指重置成本法，是在现有市场条件和技术条件下估算出被评估专利重新购置或者开发的现行重置成本，然后在此基础上，扣减已经使用期间的各项损耗和失效价值，最终确定专利价值的方法。这种方法用于评估专利资产，其变量数据可靠易得。简单而言，专利的投入越大，成本越高，其价值也就越大。该方法最大的弊端是变量数据相对固定，无法反映市场供求关系对专利价格的影响，也不涉及专利的获利能力，但实际中不乏投入成本较低却产生较高价值的专利，因此成本法下的评估结果可能与专利的市场价值相背离。

（2）现行市价法评析

现行市价法下专利价值的评估标准是市场现行价格，要有一个完善的资产市场，能够搜集到作为参照物的可交易专利技术及其指标参数等资料，才能运用该方法。由于现阶段国内资产市场还不完善，因此该方法缺乏实际操作性。

（3）贴现现金流量法评析

贴现现金流量法是预测专利创造的现金流，在专利剩余有效期内，按照一定折现率转换成现值的方法。尽管这种方法适用简单，但要准确估计专利到期日前各阶段的净现金流却是实际应用中的难题。尤其是刚投入使用的专利资产，在实施初期还不能迅速实现利润，难以形成真正的现金流，因而据此定量地预测未来销售额时难免出现误差。

三、计算机软件评估

计算机软件通常以实物为载体，容易被复制，高智力投入且需长期持续投入。我国对计算机软件主要是通过著作权法予以保护，但与一般著作权不同的是，计算机软件著作权属于工业版权的范畴，在工商业领域运用广泛。它同时还受到《计算机软件保护条例》等法规的保护，但该条例只是对计算机软件著作权的保护，与著作权法是特别法与普通法的关系。

（一）计算机软件版权检索

1. 检索方式

根据《计算机软件著作权登记办法》第六条规定，国家版权局认定中国版权保护中心为软件登记机构。如需查询计算机软件著作权的法律状态，查询人可以根据《计算机软件著作权登记办法》第十条规定的软件登记档案查询方式，通过中心网站公告栏（http://www.banquan.org/html/47/）查询；也可以登录软件登记电子档案（http://www.banquan.org/do/search.php）查询；如需查询软件登记纸质原始档案，则须按照规定的查询手续办理。

2. 检索手续

查询人应当在档案管理员陪同下在登记大厅查询窗口区域阅览或摘录登记档案。复印纸质原始登记档案和打印电子登记档案应由档案管理员完成。查询纸质原始软件登记档案的人员，禁止在档案材料上修改、涂抹、标记等。查询人违反上述规定的，档案管理人员应当予以制止和纠正；拒不改正的，可以拒绝提供查询服务；造成损失的，查询人应当承担赔偿责任。

对于符合查询规定的申请，中心应在受理查询之日起10个工作日内给予书面答复。

（二）计算机软件著作权价值评估资料收集清单

以下以北京无形资产评估有限公司出具的范本为例。

1. 软件简介

1）软件规范名称。

2）软件主要功能。

3）软件研发背景及开发过程。

4）软件使用领域以及该领域软件产品一般更新速度。

5）软件开发团队人员情况（数量、层次、学历等）。

6）软件主要开发人员和所有人简介。

2. 软件法律状态

1）软件来源证明材料（外购提供购货发票，自创提供立项申请书）。

2）计算机软件登记证书。

3. 软件构成的详细介绍

1）软件的运行环境。

2）软件的系统构成和整体架构。

3）软件的系统思想及关键技术概述。

4）软件的鉴别材料（提供程序和文档的鉴别材料，机密部分可以掩盖）。

5）软件的创新点及优点（和同类软件相比较）。

6）目前软件的开发程度及软件的维护与升级能力。

7）软件性能与功能评价以及技术性能检测报告。

8）软件产品的优势和风险分析。

9）已经发生的研究开发费用（明细表）。

4.软件的实施和销售情况

1）软件生产许可证书及相关资格证书。

2）软件产品使用手册。

3）软件应用实例及顾客反馈意见和有关合作协议等。

4）软件销售情况及有关销售协议。

5）国家政策法规对该领域产品未来趋势的影响。

5.软件的市场开发

1）软件产品的销售网络。

2）国内外软件产品的主要竞争对手以及竞争对手的优势、劣势分析。

3）软件所属的行业现状及该软件市场未来发展前景预测相关资料。

6.软件产品的财务信息

1）软件的盈利模式（直接收益、间接收益）介绍。

2）已经产业化的软件产品的财务报表和相关财务指标，包括：产品上市时间、销售单价及变动趋势、单位成本及变动趋势、税种及税率、销售增长率、销售利润率等。

3）软件企业年终总结、营销计划和发展规划。

4）软件产品未来5年的经济效益。

5）第三方报告，包括：市场调研报告、战略性评价报告、可行性分析报告、商业计划书等。

7. 评估所需的其他材料

1）拟投资公司的名称预先核准通知书复印件（注册新公司）。

2）软件产权所有人的营业执照（身份证件）复印件。

3）计算机软件（无著作权登记证书）有关产权归属文件。

（三）计算机软件版权价值评估的影响因素

由于计算机软件成本具有明显的不完整性和弱对应性，给企业带来的经济效益也可能受各种因素的影响而具有明显的不确定性，这给软件评估带来许多困难。在进行评估时，必须考虑如下因素：

1. 系统大小

系统大小主要指可执行程序或机器语言指令的字节数、高级语言语句的行数、新编写指令的百分比、系统数据存储量和文体数目等。

2. 系统复杂性

系统复杂性主要是指系统和界面的复杂度、系统的独特性、硬件与软件的接口和程序结构等。

3. 程序类型

程序类型主要是指应用程序的形式（商用或非商用），程序所处理的技术问题类型等。

4. 软件对支持条件和运行环境的要求

软件对支持条件和运行环境的要求主要是指计算机系统的速度及内存、外存容量，支持开发的软件工具和软件环境等。

5. 软件的有效收益和经济寿命期

软件的有效收益指的是软件的收益能力，其与软件的经济寿命密切相关。由于软件产业更新换代的速度很快，一般的软件寿命期为3年，超过软件寿命期的软件便失去价值，也失去收益能力。

6. 软件的维护成本和升级能力

由于软件具有更新换代周期，后期的维护成本和升级能力直接影响软件的经济寿命，从而影响软件价值。

7. 市场竞争状况

对该软件具有替代性的同类产品的市场份额分布状况、产品种类、产品属性与竞争力都会对其市场前景产生影响。

（四）特殊评估方法

1. 成本法评析

国际上一般使用成本法进行软件评估，它以工作量或程序语句行数为软件成本的变量，软件成本主要体现在人员工资上；计算机软件评估时，对于专用（即用户只有一个或若干个）软件以及虽属于通用软件但尚未投入生产、销售的，一般采用成本法。特别对于诸如自用型软件，不存在市场或市场容量少、难以通过销售软件使用许可权获得收益的情况，采用成本法较为可行。另外，对于未开发完成的软件，一般采用成本法进行评估也比较有说服力。成本法对于软件创造性价值考虑较少，适用于软件的整体转让、定价等经济行为。由于软件维护成本较高，持续时间较长，各种软件都不相同，软件维护成本预测的准确性对软件价值影响较大。

如果按开发过程成本进行评估，则应当把软件开发分为系统分析、系统设计、程序设计和软件测试4个阶段，按每个阶段的工作量（人/月）和每个工作量的成本来计算各阶段成本，从而加总求得整个开发过程的总成本。

如果按语句行数进行评估，则是根据所开发软件的源程序语句行数和每行源程序语句的成本来估算软件成本的，也就是根据软件的程序数目、编码行数、每日工作量、工作日成本及该软件的陈旧贬值率，计算软件的重置成本。其具体计算公式为：软件重置全值＝工作日成本 × 工作日数。其中，工作日数＝编码行数 ÷ 日工作量定额（行/日）。

2. 市场法评析

运用市场法对计算机软件价值进行评估，主要是运用功能类比法，多用于软件产品定价、软件整体价值评估等。该方法是通过比较类似的软件在自愿交易下的价格来确定软件的价值。应用这种方法评估计算机软件的前提条件是，市场上必须有与评估对象类比的同类软件的市场价格可供参考。运用这种方法，被评估的软件通常不是新软件，而是已有一定的流通年限的软件。

3. 收益法评析

自行开发生产、独家转让并可投入生产的软件可采用收益法进行评估。

其具体公式为：$P = Ft \times i$

其中，P 为软件评估值；Ft 为未来 t 收益期的预期收益额；i 为折现率。收益期限和预期收益额由评估人员分析预测评估对象的未来经营收益情况确定。由于计算机软件的技术更新很快，所以未来收益期预测一般取 3～5 年。

四、商标权评估

商标权的评估，指的是注册商标专用权的评估。

（一）商标检索

1. 检索方式

商标注册申请前的查询通常是指商标注册申请人在申请注册商标前，为了解是否存在与其申请注册商标可能构成冲突的在先商标权利，而进行的有关商标信息的查询。商标注册申请前查询有两条途径：一是中国商标网（http://www.ctmo.gov.cn 或 http://sbj.saic.gov.cn）提供免费商标查询信息，任何人都可以登录"中国商标网"点击"商标查询"栏目进行查询；二是委托其他商标代理服务机构进行商标查询，但需缴纳商标查询费。

2. 检索内容

商标注册信息网上查询提供的商标信息既包括注册商标信息，也包括申请商标信息。商标注册信息网上查询提供3种类型的商标注册信息查询：商标相同或近似信息查询、商标综合信息查询和商标审查状态信息查询。商标相同或近似信息查询，是指查询在相同或类似商品上是否有相同或近似的注册或申请在先的商标；商标综合信息查询，是指已知商标注册号（或申请号）、申请人（或注册人）或商标文字时查询有关商标信息；商标审查状态信息查询，是指申请人通过商标申请号或注册号查询有关商标在业务流程中的状态。

（二）商标权价值评估资料收集清单

下文以北京无形资产评估有限公司出具的范本为例。

1. 企业基础资料

1）工商企业法人营业执照及税务登记证、生产许可证等。

2）企业简况及经营优势、法定代表人简介、组织机构图、股权结构图。

3）国家驰名商标、省著名商标的相关申报资料或认定证书。

4）新闻媒体、消费者对商标产品质量、售后服务的相关报道和评价等反馈信息。

5）技术产品研发情况简介、科学技术成果鉴定报告或技术产品说明书等技术鉴定资料。

6）企业销售网络分布情况。

7）企业产品质量标准、企业年度工作总结。

8）商标产品获奖证书、企业荣誉证书、法定代表人荣誉证书。

2. 产权资料

1）商标注册证书及相关变更注册法律文书。

2）商标图案及释义。

3）涉及商标产权关系的相关批文或经济合同等法律文书。

3. 财务资料

1）企业近三年（含评估基准日）财务年度报表以及财务年度分析报告。

2）企业主要产品生产经营统计资料。

3）企业历年商标投入统计资料（包括广告、参展等费用）。

4）企业未来5年商标产品规划，追加投资计划。

5）企业未来5年商标产品收益预测以及预测说明。

4. 其他资料

1）注册商标基本情况调查表。

2）商标续展承诺书。

3）企业承诺书。

（三）商标权价值影响因素

1. 商标的法律状况

商标的法律状况主要包括商标注册情况、商标权的失效、商标权的续展、商标权的地域性等具体信息。

2. 商标的知名度

商标的知名度，即商标的驰名度。商标的知名度越大，其价值就越高。很多国家对驰名商标的保护力度远大于非驰名商标，对驰名商标的认定一般也有着苛刻的条件和复杂的手续。一般情况下，同一行业，驰名商标价值高于非驰名商标价值，取得驰名商标认定的商标，其价值高于普通商标的价值。是否完成驰名商标认定影响着商标权的价值。驰名商标依照《保护工业产权巴黎公约》、世界贸易组织的《知识产权协议》及多数国家的商标法，都享有受特殊保护的权利，这样，驰名商标的法律地位也会增高它的价值。

3. 商标所依托的商品

商标权本身不能直接产生收益，其价值大都是依托有形资产来实现的。商标权的经济价值是由商标所带来的效益决定的，带来的效益越大，商标权价值越高。商标所带来的效益主要受其依托的商品特征的综合影响。主要影响因素如下：

（1）商品所处的行业及前景

商标所依托的商品所在的行业发展情况，对商标权的价值能产生重大影响。商标权的价值在于其获得超额利润的能力，在销量相同的情况下，新兴行业往往是产品附加值高的行业，其商标权价值也高。

（2）商品的生命周期

商标权的价值与所依附的商品所处的生命周期有关。商品的生命周期与技术的生命周期类似，一般分为研制、发展、成熟、衰落4个阶段。处于发展或成熟阶段的商品，易于获得超额利润，其商标权价值通常较高；处于衰退阶段的商品，利润率相对较低，其商标权价值也相对较低。如果商品尚处于研制阶段，则需考量商品的市场销售潜力、单位产品的利润水平等因素，以确定商标权的价值。

（3）商品的市场占有率和竞争状况

商品的市场占有率，标志着商标权的价值范围。商标权的价值体现在获得超额利润的能力。同样单价，其市场占有率越大，商品销量越大，利润及超额利润也越大，商标权价值也就越大。竞争状况同样影响着商标权价值，竞争越激烈、其他知名商标越多，商标权价值越小。

（4）商品的利润情况

商品的利润率大小是影响商标权价值的重要因素。因为商标权的价值最终体现在能给拥有者带来的超额收益上，商品所带来的超额利润越高，商标权价值才越高。

（5）经营企业的素质

良好的企业经营素质可为企业带来优秀的管理、良好的商品质量和优良的企业信誉等，而这些则是企业经营成功的要素。善于经营的企业可能创造出一个价值连城的商标，而一个价值连城的商标则有可能毁于一个不擅经营的企业。

（6）经营业绩

使用商标的商品，历史上的经营业绩的好坏可能影响到未来收益的预测情况。好的经营业绩，预测的未来收益可能大，超额利润才可能更大，商标权价值也更高；反之，商标权价值低。历史上的经营业绩是采用收益法评估商标权价值的基础依据。

4. 评估目的

商标权评估目的即商标权发生的经济行为。评估目的会直接影响评估方法的选择。同样的资产，因为评估目的不同，其评估方法的选择可能会不同，同一评估方法中各项评估参数的选取也会不同，因而评估值也往往不同。从商标权转让方来说，可分为商标权转让和商标权许可使用。

5. 类似商标交易情况

市场上类似商标的交易情况也影响商标权的价值。利用市场上可比实例的交易价格、交易情况、本身情况、交易日期等信息进行比较，可能对商标价值评估起决定性的作用。

6. 商标设计与宣传

商标设计的基础则在于商标名称的创意和设计，一个好商标的设计要求美观、内涵丰富并能充分展示企业经营意图和风格。

商标的广告宣传是扩大商标知名度和影响力的重要因素。通过广告宣传使大众熟悉该种产品或服务，刺激和维持消费需求，从而扩大产品销量，为企业带来更多超额利润。另外，商标的广告宣传费用，也是商标成本的重要组成部分，因而商标的广告宣传对其价值产生重大影响。

7. 其他因素

除上述影响商标价值评估的因素外，还有其他一些情况对商标价值评估也构成影响，如商标的注册、使用、购买成本，商标注册时间，有无许可使用等都是影响商标权价值的重要因素。

（四）特殊评估方法

1. 商标评估方法分析

商标评估方法通常也是采用通行的成本法、现行市场法、收益法3类，根据商标自身实际情况，确定适用公式与变量数据，直接进行计算。但是，商标是经过注册获得商标专用权从而受到法律保护的品牌。而品牌则是一个集合概念，包括品牌名称、品牌标志、商标和品牌角色4个部分，对于品牌资产价值进行整体评估渐成趋势。其评估方法与单一商标价值评估有很大的相似性，但是品牌资产评估的考量因素更加复杂。

2. 英特品牌评估模型

作为世界上最早研究品牌评估的公司，英特品牌集团公司（Interbrand Group）以其严谨的技术建立的评估模型在国际上具有很大的权威性。

（1）计算公式

英特品牌模型同时考虑主观和客观两方面的事实依据。客观的数据包括市场占有率、产品销售量以及利润状况；主观判断是确定品牌强度。两者的结合形成了英特品牌模型的计算公式：

$V = P \times S$

其中，V 为品牌价值，P 为品牌带来的净利润，S 为品牌强度倍数。

（2）品牌带来的净利润的计算

经由多方渠道汇总某品牌销售和营业利润的基本数据。采用最近两年税前利润的加权平均值减去税收，得到该品牌的净收益。

（3）品牌强度倍数的确定

按照英特品牌公司建立的模型，品牌强度倍数由以下7个方面的因素决定，权重各不相同（表6-1）。

品牌强度评价因素表

评价因素	含义	权重（%）
领导力	品牌的市场地位	25
稳定力	品牌维护消费者特权的能力	15
市场力	品牌所处市场的成长和稳定情况	10
国际力	品牌穿越地理文化边界的能力	25
趋势力	品牌对行业发展方向的影响力	10
支持力	品牌所获的持续投资和重点支持程度	10
保护力	品牌的合法性和受保护的程度	5

英特品牌公司的评估方法是一种国际上最有影响力的品牌资产价值评估方法。与前述几种评估方法相比，该方法以未来收益估算为基础，从最终结果而不是"过程"来评估品牌资产的价值；同时结合使用定量分析和定性分析手段，即未来收益的预测以定量分析手段为主，而将未来收益在品牌资产与非品牌资产之间进行分割，品牌强度倍数的估计确定则以定性分析手段为主，从而能够更加科学合理地确定品牌资产价值。

延伸阅读

深圳市知识产权评估相关政策动态

《深圳经济特区科技创新条例》（简称《条例》）建立了知识产权评估和评议制度。知识产权价值评估是知识产权工作的难点，也是知识产权运营交易的基础。多年来，市场上始终没有形成一套稳定、公允的知识产权价值评估体系。《条例》着眼于探索利用前沿技术，利用大数据、人工智能和区块链等技术，填补知识产权价值评估制度的缺陷，制定知识产权评估标准，支持培育具有公信力和市场认可度的评估机构，为知识产权交易等提供前提条件。《条例》还规定了知识产权评议制度，对科技创新活动的知识产权风险、知识产权价值及处置方式进行评估、论证，提出对策、建议，为重大经济科技活动提供咨询参考。

相关条文如下：

第六十二条［知识产权价值评估］市知识产权主管部门应当会同有关部门推动完善知识产权价值评估制度，制定知识产权评估标准，培育具有公信力和市场认可度的评估机构，为知识产权交易提供评估服务。

第七十条［知识产权分析评议］市、区人民政府应当建立知识产权分析评议制度，支持有关专业机构对重大经济活动涉及的知识产权价值和风险进行评估、论证，提出意见和建议。

参考文献

［1］王冰. 知识产权战略制定与战术执行［M］. 北京：法律出版社，2007.

［2］中国资产评估协会. 专利资产评估指导意见［2020-08-25］. http://www.cas.org.cn/docs/2017-09/20170913095153073076.pdf.

［3］中华会计网校［EB/OL］［2020-08-25］. http://www.chinaacc.com/new/287_295_/2009_2_18_zh76623335881290023531.shtml.